贵州省教育科学发展十大招标课题"贵州实施教育'9+3'计划背景下中职学生学习动机与质量研究"（编号2013ZD008）研究成果

教育"9+3"计划背景下中职生学习动机与质量研究

JIAOYU "9+3" JIHUA BEIJING XIA
ZHONGZHISHENG XUEXI DONGJI YU ZHILIANG YANJIU

梁成艾 ○ 著

西南交通大学出版社
·成 都·

图书在版编目（CIP）数据

教育"9+3"计划背景下中职生学习动机与质量研究／梁成艾著. —成都：西南交通大学出版社，2016.7
　ISBN 978-7-5643-4692-8

Ⅰ. ①教… Ⅱ. ①梁… Ⅲ. ①中等专业学校－学生－学习动机－研究 Ⅳ. ①G718.3

中国版本图书馆 CIP 数据核字（2016）第 103776 号

教育"9+3"计划背景下中职生学习动机与质量研究
梁成艾　著

责 任 编 辑	梁　红
封 面 设 计	何东琳设计工作室
出 版 发 行	西南交通大学出版社 （四川省成都市二环路北一段 111 号 西南交通大学创新大厦 21 楼）
发行部电话	028-87600564　028-87600533
邮 政 编 码	610031
网　　　　址	http://www.xnjdcbs.com
印　　　　刷	成都蓉军广告印务有限责任公司
成 品 尺 寸	170 mm × 230 mm
印　　　　张	11.75
字　　　　数	199 千
版　　　　次	2016 年 7 月第 1 版
印　　　　次	2016 年 7 月第 1 次
书　　　　号	ISBN 978-7-5643-4692-8
定　　　　价	35.00 元

图书如有印装质量问题　本社负责退换
版权所有　盗版必究　举报电话：028-87600562

前　言

《教育"9+3"计划背景下中职生学习动机与质量研究》从背景分析、理论建模和实践验证三个层面阐述了选题缘由、理论架构、发展现状、本质内涵、关联机理、评价指标、提升路径、培育对策、支撑平台、保障机制等。

一、从背景分析层面来看

（1）本研究厘清了中职学生学习动机与质量研究的选题缘由，认为这一选题是基于贵州省"两加一推"发展理念和"三化同步"战略构想之需求，从提升区域劳动力之综合能力来进行考虑的。

本研究在对贵州省经济社会发展的总体情况进行宏观把握的基础上，本着提升教育质量、服务经济社会发展之宗旨，通过探索贵州省实施教育"9+3"计划中职学生免费教育对于中职学生学习动机和质量将产生的影响和通过教育"9+3"计划增强中职学校的吸引力等途径，认为该项目的研究不但应结合贵州的省情，不断借鉴国外和兄弟省份先进的办学理念和成功的办学经验，并在这些理念和经验不断本土化的过程中创设富有贵州省特色的职业教育办学模式，从而使贵州的职业教育在这些先进理念的引领下快速健康地向前发展，最终通过大批技能应用型人才的不断供给来促进贵州"两加一推"发展理念和"三化同步"战略的顺利实施，而且还应通过合格的"世界级工人"、称职的"应用型工人"、优秀的"创业型工人"、熟练的"多面手工人"以及敏捷的"信息化工人"等人才的不断培养，推进贵州快速适应跨越发展之时代要求，甚至还应紧扣职业发展孵化的复合工种要求人类具备跨岗位的劳动能力内涵，技术进步催生的综合职业要求人类的智力结构呈现跨专业、行业和产业的特点，信息爆炸催化的终身学习模式要求人类自己不断学会开发自身潜能，解体终身职业的竞争机制要求人类社会具备适应多种职业嬗变的技能之需求，切实通过职业教育来提高人们的专业能力、方法能力和社会能力等综合职业能力，借以适应社会不断进步的发展要求和人类自身持续完善的变革需求。

（2）本研究明确了教育"9+3"计划的理论架构，认为这些理论架构是教育"9+3"计划顺利实施的内涵保证与建构支撑。

本研究认为，教育"9+3"计划是贵州省委、省政府在奋力推进"工业化、城镇化、农业现代化"建设进程中所提出来的一项重大战略决策。该战略决策的提出，既不是利益既得集团思维偶动之感慨，也不是利益追逐者穷极思绪之结晶。它作为一种教育现象，其必然会由于其建构活动的不断实践而进一步演化成为一种教育事实。而作为一种教育事实，其建构过程必不能孤立存在，相反，它总是以"置身其中"的方式而存在于社会整体建构活动之中，它不仅需要国家利益代理者对教育"9+3"计划之内涵与本质进行深入探究与缜密思量，借鉴"阶层流动"之劳动力转移、"统筹发展"之教育均衡、"自上而上"之制度变迁、"执行效果"之政策评价等思维理念成果，而且还需要育人为本之教育学、需求至上之心理学、效益最大之经济学以及和谐发展之社会学等来支撑该计划的顺利建构。这种客观存在的方式表明：教育"9+3"计划并不是单维度理论视角思维架构的产物，而是多维度理论视角统筹整合的结果。其整体建构活动需要我们在共时与历时的坐标体系中，全方位、多层次、全景式地揭示该计划之建构规律，以期更好地指导该计划之建构活动的顺利展开和科学发展，最终圆满达成该教育计划的创意宗旨。

（3）本研究归结了中职学生学习动机的研究现状与存在问题，认为当前有关学习动机的研究成果揭示了明显的欠丰并存与差异迥然之表象。

中职学生学习动机的研究现状呈现出明显的研究角度多元化、研究内容丰富化及研究方法欠多样、整体表现欠突出等特征。正因为如此，在今后的研究工作中，一定要努力克服研究方法单一、研究工具匮乏、研究样本代表性弱、研究层次分布范畴窄、缺乏分层分类研究等不足。通过管理部门发挥统筹协调作用，促进各研究者长期开展合作，并不时调整对研究人员的评价激励机制，把准中职生学习动机不足和表现欠佳的脉，最终提出具体的、具有可操作性的和可迁移性强的改进策略或办法，在实践中完善培养和激发中职学生学习动机的策略与办法，不断提升学习动机与质量研究的质量。除此之外，本研究还认为，教育"9+3"计划下中职学生的学习动机在性别、年级、生源等领域存在着明显的差异，故在今后的研究过程中一定要充分考虑这些因素。

二、从理论探究层面来看

（1）本研究探析了中职学生学习动机的本质内涵、制约因素和培育环境，认为学习动机的提升在特定的环境下，受多种因素制约和影响。

本研究认为，学习动机就是人们在学习时产生的一种动机。这种动机因为学习而产生，为了学习而维持，并希望达到一定的学习目标。也就是说，学习动机就是激发和维持个体的学习活动，并使学习行为朝向一定目标的一种内在过程或内部心理状态，是直接推动学生学习的动力。

学习动机主要由动机本身和其他因素构成。学习动机本身由内部学习动机和外部学习动机构成。其中内部学习动机源自人们对事物认知的渴求，是人们求知欲的一种表现，是由内在需求所引起的。外部学习动机是由一系列的外部诱因引起的，反映的是人们希望通过自己的独特才能和取得的成就获得相应的社会地位及他人认可的一种愿望和心态。除此之外，学习动机还由外部影响因素和内部因素构成。其中，学习动机的内部影响因素主要和人自身的内部情况相关，如认知能力、自我效能感和自尊等内容。学习动机的外部影响因素主要通过外部环境的实际情况施加影响。一般情况下，学习动机的外部影响因素主要和人所处的外部环境有关，如家庭、学校和社会等内容。

既然如此，中职学生学习动机的提升需要通过由"提升认知能力、增强自我效能感、提高自尊"等途径组成的内部纯化情景和由"构建积极向上的榜样型家庭、建立规范全面的成熟型学校、创建和谐融洽的关爱型社会"等渠道构成的外部优化环境来培育和提升中职学生的学习动机。

（2）本研究明晰了中职学生学习动机与学习质量提升的互动机理，认为学习动机与学习质量之间存在着复杂的互动关联。

本研究认为，不管是动机本身或其他因素，它们均是以学习成绩、专业技能、处事能力、沟通能力、服务意识和职业素养等来作为其学习质量的表征维度的，也就是说，学习动机与学习质量之间存在复杂的关联。其中，学习动机是学习质量提升的保障源，而学习质量则是学习动机强化的助推器，但它们之间具有相对的独立性。这一独立性意味着学习过程既是阶段性的，又是长期性的，因不同的时间划分和看待角度而定。但无论是哪种，均包含学习动机与学习质量，两大要素。从阶段性来看，二者的关系为学习动机→学习质量，或学习质量→学习动机→学习质量，呈现出明显的单向性发展特征；从长期性来看，二者关系为学习动机→学习质量→学习动机→学习质量→……→学习质量，呈现出典型的循环往复性特点。这就表明，在学习动机和学习质量的互动中，存在着一种天然的运行机理。

（3）本研究分析了中职学生学习动机与质量提升的评价维度和观测指标，认为学习动机与质量的提升需要一个科学的评价体系和有效的观测维度来保障。

考虑到学习动机与学习质量之间的复杂关联性，本研究认为，应以理论知识、专业技能、服务意识、职业心态和社交能力等作为学习质量提升的评价指标，并把理论知识作为其基础表征维度、把专业技能作为其核心表征维度、把服务意识作为其关键表征维度、把职业心态作为其动力表征维度、把社交能力作为其根本表征维度。除此之外，还应从学习动机的内部影响因素和外部制约环境来权衡学习动机的水平，并把认知能力、自我效能感、自尊、家庭、学校、社会等作为学习动机强弱的观测点。

三、从实践验证层面来看

（1）本研究提出了中职学生学习动机增强的有效策略与发展路向，认为学习动机的增强需要一个科学合理、运作高效的发展策略来辅助。

本研究认为中职生的学习动机是其学习质量提升的内在保障，而学习质量的提高又是教育"9+3"计划深入发展的必然要求。但当前中职学生的学习动机和学习能力普通欠佳，虽然导致这种状况的原因众多，但职教政策的不完善、家族教育中的消极因素等是其主因。为此，应以"构建'产教一体'化的课程体系、整合课程内容、构建非专业能力培养体系、细化评价指标"等为载体，沿袭"加大课外活动力度、微调助学金发放政策、提高课堂参与程度、增加中职吸引力、加强家族教育指导、发挥学生主体作用"等路径，采取"激发自主学习动机，示范自我监控策略；倡导信息收集意识，增强信息处理能力；定位教学目标，改变内容呈现方式；营造交流协作氛围，注重交流协作技巧"等策略，努力增强中职学生的学习动机，借以提升中职学生的教育质量。

（2）本研究解析了中职学生学习动机与质量提升的支撑平台与保障机制，认为学生学习动机与质量的提升需要一个由基础、共性和核心等三大技术组成的平台，以及一个由内在促进策略和外在保障措施构成的混合机制来支撑和保障。

本研究认为，中职学生的学习动机与质量的提升必须依赖一个由基础技术平台、共性技术平台和核心技术平台等构成的，包含"驱动力、发展状态与响应"三大要素在内的综合发展模型才能有效发挥作用。为此，为充分发挥出其应有的功效，需要从学习动机的需要、条件、评价与创新等方面创造适当的发展路径，并凭借"促进学习动机与学习质量一致、利用学习质量激发学习动机"等内在促进策略和"统筹规划是根本、健全制度是关键、保障经费是前提、有效评价是导向"等外在保障措施,激发与维持中职学生的学习动机,并在此基础上提升中职学生的学习质量与学习效益。这主要是因为,中职学生的知识储备与职业技术技能发展到一定阶段,在利益相关者诉求以及内外压力、拉力的共同驱动下,对与中职学生相关联的社会、企业、学校、家庭和教师等外部状态进行表征和反应,对中职学生参与者的态度和行为做出反应,进而实现中职学生质量的螺旋式提升。

(3) 本研究论证了中职学生学习动机与质量提升的策略与保障机制的有效性。

本研究在提出学习动机与学习质量提升策略和保障机制的基础上,以贵州省瓮安中等职业技术学校和贵州航天职业技术学院为案例,进行了长达6个多月的实地观察。从收集的案例材料中可以看出,我们创设的激励策略和提升措施不但能有效增强中职学生的学习动机,提升学习质量,而且是教育教学理论研究的有益补充。

总之,教育"9+3"计划背景下中职生学习动机与质量研究是在充分借鉴国内外先进职业教育发展经验和努力顺应贵州"三化同步""两加一推"发展战略及培养合格的"世界级、应用型、创业型、多面手和信息化"工人之时代需求的背景下,以对中职学生学习动机与质量研究活动中的现存问题与产生缘由的整体把握为切入点,从背景分析层面分析了教育"9+3"计划之内涵依据与建构支撑,学习动机的研究现状与存在问题,从理论探究层面解析了学习动机的内涵本质、互动机理与评价标准,从实践验证层面提出了学习动机激发策略、支撑平台和保障机制,最后还在发展趋向层面反思了教育"9+3"计划背景下中职生学习动机与质量研究工作之样本代表性、研究周期等不足,进而勾勒了学习动机与质量研究的发展蓝图。诸如此类的探索活动,对中职学生学习动机的激发与增强、教学质量的显著提高以及教育教学理论的不断丰富有积极的促进作用、指导功能和借鉴意义。

目 录

第一部分 问题与设计：中职生学习动机与质量研究导论 …………… 1
    一、选题缘由 ……………………………………………………………… 1
    二、文献述评 ……………………………………………………………… 3
    三、研究设计 ……………………………………………………………… 14
    四、研究计划 ……………………………………………………………… 26
    五、研究创新 ……………………………………………………………… 28

第二部分 探源与聚焦：中职生学习动机研究综述 …………………… 30
    一、视角多元与方法欠丰并存 …………………………………………… 30
    二、内容丰富与表现欠佳共处 …………………………………………… 32
    三、现有不足与未来趋势探析 …………………………………………… 35

第三部分 审视与反思：中职生学习动机调查分析 …………………… 38
    一、研究对象与方法 ……………………………………………………… 38
    二、统计结果 ……………………………………………………………… 39
    三、分析与讨论 …………………………………………………………… 42
    四、研究结论 ……………………………………………………………… 44

第四部分 内涵与本质：中职生学习动机之内涵、制因与环境 ……… 46
    一、学习动机之内涵解析 ………………………………………………… 46
    二、中职生学习动机之制因分析 ………………………………………… 47
    三、中职生学习动机增强的有效环境 …………………………………… 53

第五部分 理论与视角：教育"9+3"计划建构之理论基础 ………… 56
    一、教育"9+3"计划之内涵建构进程的理论依据 …………………… 56
    二、教育"9+3"计划之整体建构活动的理论支撑 …………………… 59

第六部分 关联与机理：学习动机与学习质量之互动机理 …………… 64
    一、学习动机的构成要素 ………………………………………………… 64
    二、学习质量的表征维度 ………………………………………………… 66
    三、学习动机与学习质量之复杂关联 …………………………………… 70
    四、单向递进与循环往复交织：动机与质量之运行机理 ……………… 72

第七部分 评价与指标：中职生学习动机与学习质量提升之评价体系 …… 75
    一、中职生学习质量提升的表征维度 …………………………………… 75

二、中职生学习质量评价体系指标与观测点 ·················· 78
　　三、学习动机对学习质量评价体系的影响 ···················· 85
　　四、自我效能感理论视域下中职生学习质量评价指标 ·········· 87

第八部分　归因与路径：中职生学习动机增强的路径研究 ········ 97
　　一、中职生学习动机增强的重要意义 ························ 97
　　二、中职生学习动机欠佳原由分析 ·························· 99
　　三、中职生学习动机增强的有效路径 ······················· 102
　　四、中职生学习动机增强的有效载体 ······················· 110

第九部分　平台与支撑：中职生学习动机与质量提升之技术平台 ·· 116
　　一、学习动机与质量提升之关系 ··························· 116
　　二、中职生学习动机与质量提升之技术平台 ················· 120
　　三、中职生学习动机与质量提升的路径保障 ················· 125

第十部分　表征与对策：中职生自主学习能力表现问题与培养对策研究 ··
　　·· 130
　　一、中职生自主学习能力体系构建 ························· 130
　　二、中职生自主学习能力表现与现状分析 ··················· 132
　　三、中职生自主学习能力的培养对策 ······················· 135

第十一部分　保障与动力：中职生学习动机激发与质量提升之保障机制 ··
　　·· 138
　　一、中职生学习动机的激发策略 ··························· 138
　　二、中职生学习质量提升的关键举措 ······················· 142
　　三、中职生学习动机与质量互动保障机制 ··················· 146

第十二部分　效果与反响：学习动机与质量提升案例分析 ········ 149
　　一、瓮安中等职业技术学校学生学习动机与质量提升案例 ····· 149
　　二、贵州航天职业技术学院学生学习动机与质量提升案例 ····· 153

第十三部分　回眸与远眺：中职生学习动机与质量研究的结论和方向 ······
　　·· 159
　　一、研究结论 ··· 159
　　二、研究反思 ··· 163
　　三、研究展望 ··· 165

后　记 ·· 168

参考文献 ·· 170

第一部分　问题与设计：中职生学习动机与质量研究导论

一、选题缘由

"十一五"规划以来，在省委、省政府的正确领导下，贵州的职业技术教育无论是在办学规模方面，还是在服务意识领域，均得到了显著的提升或改善。然而，截至 2012 年年底，贵州省高中阶段教育毛入学率为 62.2%，低于全国平均水平约 20 个百分点。其中中等职业教育发展严重滞后，普通高中教育和中等职业教育在校生比例不合理，中职学校办学条件和师资力量十分薄弱，这些都不能满足贵州省加快工业化进程中对大量技能型人才的需求。针对这一问题，贵州省委、省政府作出了实施教育 "9+3" 计划，即九年义务教育和三年免费中等职业教育计划之重大决策部署。为此，如何提升贵州的职业教育办学质量就成为一个亟待解决的现实问题。正是基于这一考虑，我们才提出了"教育'9+3'计划背景下中职生学习动机与质量研究"这一研究项目。从学生的学习动机和学习质量入手开展研究，旨在探索贵州省实施教育 "9+3" 计划对于中职学生学习动机和质量产生的影响，以及通过教育 "9+3" 计划增强中职学校的吸引力，促进职业教育质量不断提升。因此，该项目具有以下研究意义和应用价值。

（一）借鉴国外和兄弟省份发展经验的必然要求

当前，贵州的经济社会发展正逐步进入工业化时期，经济社会的科学和谐发展急需大批高素质的技术技能型人才，这对处于建构"两加一推"发展理念和实施"三化同步"战略初期的贵州职业教育而言，既是机遇，也是挑战。为了不辜负这一历史发展进程所赋予的神圣使命，有必要在大力发展职业教育办学规模的同时，下大力气来提升职业教育的办学质量。而要扎实提升职业教育的办学质量，就必须结合贵州的省情，不断借鉴国外和兄弟省份先进的办学理念和成功的办学经验，并在这些理念和经验不断本土化的过程中创设富有贵州省特色的职业教育办学模式，使贵州的职业教育在这些先进理念的引领下快速健康地向前发展。"教育'9+3'计划背景下中职生学习动机与质量研究"研究项目正是适应这一时代要求的产物。

（二）顺应贵州跨越发展之时代要求的必然趋势

当前，人类已经步入了21世纪，新世纪的征程使整个人类社会呈现出许多新的时代发展特征，使原本举步维艰的职教改革之路呈现出更加纷繁复杂的发展态势。如全球化的发展格局要求职业教育能培养适应"地球村"发展需要的"世界级工人"；知识经济的到来要求职业教育能培养满足经济社会发展多样性需求的"知识型工人"；终身教育的发展理念要求职业教育能培养适应学习化社会发展需求的"多面手工人"；网络化时代的到来要求职业教育能培养适应"第三自然"社会发展需求的"信息化工人"；市场经济的发展特征要求职业教育能培养适应竞争型社会需求的"创业型工人"；高等教育大众化的发展趋势要求职业教育能培养适应多元化社会需求的"应用型工人"。而培养出合格的"世界级工人"、称职的"应用型工人"、优秀的"创业型工人"、熟练的"多面手工人"以及敏捷的"信息化工人"，都脱离不了时代精神所赋予的发展内涵，都离不开职业教育办学宗旨所描绘的理想蓝图的诱导。"教育'9+3'计划背景下中职生学习动机与质量研究"研究项目恰好顺应了这一时代特征之彰显需求。

（三）提升人力资源之职业能力急需开展的课题

在当前的许多中职学校，大家也许可能听到这种报怨：现在的学生真是越来越难教了，没有一点学生的样子。语气中除了报怨之外，更多的是一种无奈。究其原因，其实不难发现，这种情况并不是在一所中职学校或两所中职学校中存在的现象。中职学生学习兴趣不浓，学习动机严重不足，这不仅影响了中职学生个人的发展，也阻碍了我国职业教育的可持续发展。所以，研究中职学生的学习动机和学习质量，对于扭转中职教育发展的现状和贵州省顺利实施教育"9+3"计划具有十分重要的意义。在当今社会，人生发展与社会进步之间的互动态势日趋明显，职业发展孵化的复合工种要求人类具备跨岗位的劳动能力，技术进步催生的综合职业要求人类的智力结构呈现跨专业、行业和产业的特点，信息爆炸催化的终身学习模式要求人类自己不断学会开发自身潜能，解体终身职业的竞争机制要求人类社会具备适应多种职业嬗变的技能。为此，很有必要通过职业教育来提高人们的专业能力、方法能力和社会能力等综合职业能力，以适应社会不断进步的发展要求和人类自身持续完善的变革需求。而学习动机和学习的质量会直接影响到每个目标技能的形成水平和素养的培育程度。

二、文献述评

（一）核心概念界定

1. 教育"9+3"计划

教育"9+3"计划是指九年义务教育和三年免费中等职业教育计划，旨在通过其来巩固提高贵州九年义务教育的水平，实行三年免费中等职业教育，以推进高中阶段教育尤其是中等职业教育的大力发展。

2. 学习动机

动机是行为的动力。学者张爱卿将动机定义为：在自我调节的作用下，个体使自身的内在要求与行为的外在诱因相协调，从而激发、维持行为的动力因素。而学习动机是动机的一种，主要研究学生学习的心理过程，即在自我调节的作用下，个体使自身的内在要求与学习行为的外在诱因相协调，从而激发、维持学习行为。学习动机在学习过程中起关键作用，既可引导学习行为向一定方向发展，也可调节学习行为并决定其强度。总之，学习动机是直接推动人的学习的一种内部动因或力量，是人类行为动机体系中的重要组成部分。它表现为学习的意向、愿望、兴趣等形式，对人们的学习起推动与促进作用。

（二）实施教育"9+3"计划的相关文献述评

"'9+3'免费职业教育"始于2009年，发端于四川省。该项计划既是落实《四川民族地区教育发展十年行动计划》的具体举措之一，也是四川省藏民居住区"三大民生工程"之主要任务。该工程从2009年春季试行至今已有7年时间，所培养的第一、二批学员已经毕业并走向就业岗位。

作为一个完整的系统工程,其已经有了一个大致的概貌。① 在经历了这样一个完整的发展过程之后,其势必可以总结出很多宝贵的发展经验,但同时也会呈现出很多有待于解决的现实问题。而这一切都将为以后陆续开展"'9+3'免费职业教育"的其他省份提供可资借鉴的实际发展经验,并帮助他们在之前的基础上将这一计划发展得更加成熟、更加完善,同时也更具有可推广性。

"9+3"免费职业教育计划在试点过程中得到了不断发展与完善,越来越多的学者参与到这一领域的研究中,并对此问题进行了多角度、多方位的探讨,从而使得"9+3"免费职业教育计划在理论方面变得越来越充实、越来越完善,为之后的扩大推广提供了坚实的理论支持。但是,目前关于"9+3"免费职业教育计划的研究仍处于起步阶段,还需要不断加大对这一领域的研究力度。在中国知网及万方数据库中以"9+3"为关键词进行研究搜索,发现只能找到60余篇相关的文章。将其进行归类总结之后,大致可将其分为五个方面:侧重于"9+3"本身的、侧重于管理研究的、侧重于教学方法的、侧重于心理健康的以及侧重于毕业就业的。因此,对于"9+3"免费职业教育的文献综述也将从这五个方面来展开论述。

1. "9+3"本身方面

众位学者专家和各种机构对于"9+3"免费职业教育的探讨涉及的面非常广泛,有对其出发点的探讨,也有对其发展规划的建议,甚至还有以其为例的对民族中职教育的探究以及对学生日常管理工作的思考。除此之外,也有人探讨了"9+3"免费职业教育在某一特定学校中的实践案例。但这些都是基于四川省的"9+3"计划而做的现实研究和实践探讨。现在,贵州省和甘肃省也将加入这一计划。但由于时间发展较短,尚未有人对其做出一定的学术研究积累,所能得到的只是一些报刊资讯。

高平等在《社会、生活教育:"9+3"藏区免费中等职业教育的出发点》一文中阐述了"9+3"免费职业教育的出发点问题。② 他们认为,应将学生在校学习期间进行全方位的社会教育和生活教育等内容作为"9+

---

① 文艳林:《规模化的民族跨区职业教育现状研究——以四川省"9+3"免费职业教育为例》,《职业技术教育》,2012(28):27-32。

② 高平、吴波、刘琛:《社会、生活教育:"9+3"藏区免费中等职业教育的出发点》,《中国科教创新导刊》,2011(4):7-8。

3"计划的突破口与出发点。其中,全方位的社会教育应包括三个方面:职业道德教育、法律知识教育及社会心理教育;全方位的生活教育应包括两个方面:恋爱婚姻和家庭教育,休闲教育。不可否认,全方位教育这种概念或者说理念让人无法拒绝,但如何实施,在实施过程中又该如何衡量这几个方面,即孰轻孰重或轻重缓急的问题有待探讨。而且,文章过于强调教育的全方位性,有些教育内容不是学校能主动实施的,学校只是起到一种辅助作用。因此,不能因为强调全方位性就让学校将所有事情大包大揽。全国政协委员、成都市政协副主席戴晓雁对"9+3"免费中职教育给出了六个建议:一是要提高认识,充分认识到"9+3"计划的重要意义和现实价值。二是要将"9+3"计划与"做大做强职业教育"进行有效对接和科学统筹。三是要将"9+3"计划与相关方面的政治建设、社会建设、文化建设等统筹起来,做到融合协调发展。四是要根据承担"9+3"计划任务省市的经济发展现实和未来发展走向,预测未来的职业人才需求数量和结构变化,借以制订相应的就业安置计划。五是要制订并实施职业技术学校的能力建设计划,对接受少数民族学生的职业学校专门制订师资力量提升培训计划。六是要安排专门经费和专职研究力量,对实施"9+3"计划中的关键问题开展专题研究和实践探讨,为相关政策提供科学决策依据。[①] 戴晓雁同志的这六点建议从认识、经费保障、就业安置、师资培训及科研等方面进行了较仔细的阐述,不但对"9+3"计划的顺利实施提供了一个很好的政策导向,而且为"9+3"计划的顺利开展找到了扎实的政策依据。

有些研究者从民族性这一着眼点对"9+3"计划进行了较为细致的探究,如成都工业职业技术学校副校长王珏翎和北京大学社会科学系的文艳林等。其中,王珏翎在成都工业职业技术学校与四川省社会科学院联合调研课题研究成果"藏区'9+3'免费职业教育模式研究"(12SJ001)中提及:"'9+3'计划充分借鉴了内地西藏班办学经验,针对藏区经济发展滞后、教育基础薄弱、教育经费不足、人才匮乏等情况,由全国遴选调整为全省遴选,将教学对象层次缩小、教学规模扩大,通过内地充足的教育资金、雄厚的师资力量、齐备的教学设备进行帮扶,以此来拓宽藏族学生视野,提高思想觉悟,提升学习质量,拓宽就业渠道,实现民族教育异地办

[①] 戴晓雁:《对"9+3"免费中职教育的建议》,《教育与职业》,2011(5):6。

学的创新突破"。① 文艳林同志在对"9+3"免费中等职业教育计划进行了一番探讨和归纳之后,概括了四川民族聚居区"9+3"免费中等职业教育计划的基本特点:一是政治性,二是计划性,三是义务性。文艳林同志从教育管理、学生(学习、生活、就业)适应性、学校和社会评价三个方面分析了"9+3"免费中等职业教育计划的实施现状和必须面对的招生、教育、管理、就业等问题。文艳林同志认为,"9+3"模式并没有从根本上解决学生的自身发展和与社会的充分融入问题。学生完成学业后,依然缺少市场条件下的公平竞争能力,竞争优势也不明显。教育"9+3"计划全免费和包就业的体制设计是一种非公平竞争的就业形式,在中华民族凝聚力和强大的政治导向作用下,民众会在一定范围内认可。因此,她提出四点建议:一是要加强对生源的教育管理,确保跨区教育具备足够的"源头活水";二是要解决好寺庙与学校争生源的问题;三是加强学校管理,适当延长学生在内地学习的时间,最好从中学开始,以便与职业教育进一步接轨,增强学生的适应能力;四是跨区职业教育坚持以当地办学为主,跨区教育为辅。② 另外,也有学者以个案为例对"9+3"计划进行了论述,如郑志玉、雷友明两位学者的《"9+3"职业教育模式下民族学生的管理研究》③一文,便是以攀枝花市建筑工程学校为个案而做的案例性研究。文章从变革学校内部的管理制度与优化组织结构两个方面对"9+3"职业教育模式下民族学生的管理研究工作进行了细致的论述。

  由于"9+3"计划实施的时间不太长,其所涉及的地域也不甚宽广,因此,研究者和研究成果均显得有些单薄。现在实施的主阵地基本上就是四川省,但以后会有更多的省份加入其中,如贵州省和甘肃省等就已经开始在这方面启动自己的研究计划。相对于其他领域的研究,"9+3"计划作为一个新的学术领域,在宏观方面还有很多值得探讨和深究的地方,需要越来越多的研究者投身其中,为"9+3"计划的顺利开展做出一定的理论贡献。

---

  ① 王珏翎、柴剑峰、罗伟、张霞:《民族教育发展模式创新——基于四川藏区"9+3"免费职业教育实践》,《成都理工大学学报(社会科学版)》,2012(11):86-94。
  ② 文艳林:《规模化的民族跨区职业教育现状研究——以四川省"9+3"免费职业教育为例》,《职业技术教育》,2012(28):27-32。
  ③ 郑志玉、雷友明:《"9+3"职业教育模式下民族学生的管理研究——以攀枝花市建筑工程学校为个案》,《西昌学院学报(自然科学版)》,2011(12):89-92。

2. 管理研究方面

在对"9+3"免费中等职业教育计划的理论研究中，大部分学者侧重对学生管理方面的研究，研究的角度各有不同。例如，针对"9+3"学生入学后实行混班混编的管理方式这一问题，四川省卫生学校的刘萍、姚永萍、秦洪江三位老师在《导学合作法"9+3"混班混编管理模式下的教学方法新尝试——以护理专业为例》一文中认为，混班混编的管理方式是非常行之有效的学生管理模式。学生在经历跨文化教育的同时，能较好地适应内地的生活环境，同时也能与同学进行有效的交流和情感融入。内地教师和学生通过与实施教育"9+3"计划学生的广泛交流和互动学习，可以了解藏区学生的生活习惯和文化特质，并建构出和谐的民族关系。

文艳林同志对此有不同看法，她认为藏区学生的习惯与内地学生存在很大的差别。四川省教育厅承认"混班混住"没有从根本上达到沟通藏区学员与内地学员之间关系的目的，很多地方流于形式。"9+3"计划巨大投入的目的是民族聚居区的稳定发展。所以，接收"9+3"计划学员的内地学校在制定教学管理模式时，考虑更多的是社会的稳定。这种状态下的教育与管理模式，使职业学校面临牺牲其原有目标并调整其教育培训之功能。在学校教育中注重政治教育，即在学员中发展党员和团员，学校的社会责任或政治责任得到了增强。这样就出现了"一校两式"：内地学员主要接受职业教育，参与市场竞争；藏区学员主要接受文化教育和习惯培养。这样，在同一所学校就不可避免地出现两个群体、两种模式。加之价值观、文化习俗、生活成长背景等因素的影响，"9+3"计划学员群体与内地学员群体之间产生了沟通和认同上的矛盾。这是目前政府和参加"9+3"计划教育学校不得不面对的问题。[①]

谢晓辉、赵鹏程在《"9+3"免费职教学生非正式群体分析及对策探讨》一文中从学生的民族、地域、语言和群体作用的积极性等方面入手，分析了"9+3"免费职教学生非正式群体的发展特点，并提出了引导和教育的策略。

郑志玉，雷友明在《"9+3"职业教育模式下民族学生的管理研究——以攀枝花市建筑工程学校为个案》中，以实证的方式对"9+3"模式

[①] 文艳林：《规模化的民族跨区职业教育现状研究——以四川省"9+3"免费职业教育为例》，《职业技术教育》，2012（28）：27-32。

下民族学生的管理进行了研究,认为四川省实施"9+3"职业教育模式后所呈现的优势有三点:一是民族学生受教育的权利得以体现;二是"9+3"模式的经费、就业得到有效保障;三是专业课程有相当大的针对性。攀枝花市建筑工程学校基于民族学生管理特色的措施主要包括:一是构建民族学生管理组织结构,即学校设立了专门的藏区管理项目部,建立了由校长直接领导、中层干部和项目部直接管理、班主任具体落实工作的网络覆盖管理机制,把民族学生化整为零,分散对口进行帮扶教育。二是制定了管理措施,落实了责任到人的管理制度。而在该管理措施实施后所出现的系列问题主要包括:一是文化传统局限性的影响与职业教育间的矛盾(民族学生的文化基础差,影响其职业知识的获取与理解);二是民族学生的饮酒文化导致更多的冲突;三是民族学生仪表、行为习惯与学校管理制度存在分歧(如夏季裸身上课,男生留过肩长发、打耳洞等)。基于以上问题,研究者提出完善管理组织机构、健全管理制度、变革管理策略、培养民族学生成就感等建议。[①]

对于"9+3"计划学生管理问题研究的切入点虽各有不同,但也形成了相对统一的认识,即认为学生管理的困难主要体现为四个方面:一是在跨区域、跨文化背景下,学生在文化认同上存在困难;二是由此所引发的学生行为习惯的教育、疏导和引导困难(如饮酒、打架等);三是学生学习成效不明显与就业竞争力不足;四是管理难度较大与管理经验匮乏、管理机制不健全之间存在矛盾。

3. 教学方法方面

在对教育"9+3"计划的理论研究中,涉及最少的内容为教学方法的研究,而教育"9+3"计划实施的成败却恰恰归结为对这些藏族"9+3"学生的教育和培养问题上。

四川省卫生学校的刘萍、姚永萍、秦洪江三位老师在《导学合作法"9+3"混班混编管理模式下的教学方法新尝试——以护理专业为例》一文中指出:针对"9+3"计划学生文化基础差,学习目的还停留在感性的、外化的阶段等现状,大班学习、个别辅导、与内地学生"结对子"、实行"一帮一"的传统模式在短时间内对学生学习成绩的提高会起到一定的促进作用,但是从长远来说,它没有从根本上提高学生的学习能力,在内化

---

① 郑志玉、雷友明:《"9+3"职业教育模式下民族学生的管理研究——以攀枝花市建筑工程学校为个案》,《西昌学院学报(自然科学版)》,2011(12):89-92。

学生学习目的方面所起的作用也比较有限。因此，她们提出了充分重视学生的特殊性问题，建议采用导学与合作学习相结合的教学方法来加以改进。

枉菊、刘志超、张翼辉三位老师在《对"9+3"藏区学生学法指导初探》① 一文中从长期的教学实践经验出发，强调了学生学法指导的重要性。譬如，对掌握知识的方法指导，在获取知识这个阶段，要指导学生如何观察、如何想象、如何集中精力等；在知识的巩固阶段，指导学生如何分析、如何概括及综合等；在知识的运用上，指导学生如何从模仿到创造、如何解决问题等。而对学习过程的具体指导，主要包括自我规划，帮他们养成课前预习、课中认真、课后复习、课外多思和课外多观察以及系统总结的习惯。指导学生遵循学习规律和遵守学习原则，制订符合学生实际的学习计划，合理安排学习时间；指导学生掌握预习、听课、记笔记、复习和做作业的方法；指导学生培养解决问题的能力，明确解决问题的步骤；指导学生学会课外自学的方法；指导学生在图书馆查图书目录、找参考资料的方法；指导学生提高组织材料和表述的能力，使他们对从阅读和实际经验中所获得的知识加以系统组织等。

针对"9+3"计划的教学研究量少这一现状，至少折射出两个问题：一是就目前教育"9+3"计划执行过程来看，学校更多地承担的是稳定学生的功能；二是学校与教育"9+3"计划学生相互之间仍存在着许多不适应现象，包括学校的专业建设和课程设置、民族地区的文化融合等问题。

4. 心理健康方面

教育"9+3"计划面向的是藏区学生，虽然也会有少数汉族学生，但主要的还是少数民族学生。当他们离开自己熟悉的文化环境，来到一个不同的文化环境时，其心理上必然产生一定的波动。对于这种情况，需要帮助他们在心理方面做出一定的调整，这样不仅可以帮助他们尽快适应新环境，而且可以确保他们不会产生新的心理问题。正是基于此考虑，在心理健康方面，有学者作了一定的探究。

罗晓平、黄定兴在《中职学校藏区"9+3"学生心理健康促进策略研究》② 一文中对实施教育"9+3"计划学生的心理情况进行了全面的论述。

---

① 枉菊、刘志超、张翼辉：《对"9+3"藏区学生学法指导初探》，《中国电力教育》，2012 (18)。

② 罗晓平、黄定兴：《中职学校藏区"9+3"学生心理健康促进策略研究》，《当代职业教育》，2011 (5)：80-83。

他们认为,到内地中职学校接受职业教育培训的藏区学生,由于文化背景的迁移,很容易产生环境适应、学习生活适应和人际适应等困难,由此可能会产生如自卑、焦虑、抑郁、恐惧、敌对、孤独等心理问题,严重者甚至会出现心理障碍。针对文化迁移后可能产生的心理问题,可以通过多途径了解学生的文化背景、风俗习惯,以及学生的性格特征和心理状态等,有针对性地开展多种形式的心理健康教育。进行专业心理辅导是快速促进藏区学生人际、环境适应的一种有效途径和科学方法,同时需要加强个别心理咨询与辅导,并建立健康教育的长效机制,积极促进藏区学生心理健康,从而使他们形成健全人格。童兰芳等人通过对66名藏区学生进行一定的心理学测试之后,提出了三点心理疏导策略:第一,尊重文化,建构藏、汉文化交融背景;第二,热情接纳、真诚关怀藏区学生;第三,针对学生的心理问题,注重心理辅导策略。① 除此之外,关于心理健康教育还有一些相关论述,如为学生送温暖、教学生学会如何去感恩,以及深入藏区对学生进行家访等。学生的心理健康对学生的一生有很大的作用,尤其是那些从大山深处走出来的学生,更应加倍注重对他们进行心理健康方面的指导,让他们形成正确的世界观、人生观和价值观,以积极的心态来面对社会。

5. 毕业就业方面

对于教育"9+3"计划而言,就业无疑一个重要的方面,它既包括中职教育,又包括民族教育,还是一项民生工程,这一切均决定了教育"9+3"计划不仅仅重视过程,还重视结果。为了让毕业的学生能有一个更为美好的未来,政府、学校、社会等各个方面都做了很大的努力。当然,在这个过程中,也离不开教育工作者依据实践而做的理论升华。就目前而言,对于教育"9+3"计划中毕业就业方面的文章还不是很多,但包含的面还是比较广泛的。例如,在学校层面,有对顶岗实习的研究、对就业趋向的调查、鼓励优秀学生参军等;在政府层面,主要采取和运用多种举措来努力促进学生就业。

顶岗实习是接受职业教育的学生在真正进入社会之前所必须经历的一种社会实践过程,它既是学生对自己所学知识的一次检验,也是其进入社会的一个过渡阶段。对于接受教育"9+3"计划的学生来说,其在顶岗实

---

① 童兰芳、李浪涛、黄定兴、余灿:《藏区"9+3"学生文化背景迁移后心理健康促进策略研究》,《中国基层医药》,2011(11):3089-3091。

习的过程中究竟存在哪些问题呢？周后英同志的调查研究给了我们一些启示。其在《藏区"9+3"学生顶岗实习情况的问卷调查与分析——以攀枝花市经贸旅游学校为例》①一文中，对2009级实施教育"9+3"计划学生顶岗实习的单位性质、岗位获得渠道、薪资待遇、专业对口率、岗位评价等项目进行了问卷调查。结果显示，学生的就业期望与顶岗实习的实际状况存在差距，部分学生对工作的满意度比较低。对此，她给出了一定的解决方法：一是加强对学生在校期间就业期望的引导，增强学生对未来工作的信心；二是建立学校、政府、企业共同参与的就业指导长效机制，真正落实好学生就业这一系统的长期工程。

除了顶岗实习之外，也有人从就业趋向方面进行了一定的探究。何斌在其《藏区"9+3"学生就业趋向调查分析》②一文中，将2010级和2011级学生作为研究对象，进行了问卷调查分析。调查发现，藏区接受教育"9+3"计划的学生存在学习目标不明确、就业信心不足、就业能动性不强等问题。这些问题，他认为应从以下几个方面来解决：第一是建立健全就业指导制度，切实加大就业指导力度；第二是合理开设就业指导课程，逐渐树立科学就业观；第三是提升综合素质，努力增强就业竞争力；第四是注重顶岗实习，不断创建良好的就业平台；第五是完善配套措施，多渠道就业；第六是注重就业信息反馈，不断完善就业指导方式。除了在校期间的顶岗实习之外，学校还积极为学生寻求出路，如推荐优秀学生参军等。

促进教育"9+3"计划学生就业不只是学校关心的事情，政府同样关心，并且还采取了一定的保障措施。如四川省达县③成立了以县人社局局长为组长，教育、就业等部门负责人作为成员的"9+3"毕业生就业工作领导小组，通过多举措，使2009级65名藏区教育"9+3"计划毕业生中的55人顺利实现了就业。四川省眉山市通过拓宽就业渠道，分批次、分阶段地保障了毕业生的就业。除此之外，四川省还组建毕业生宣讲团，让人们更加深刻地认识到教育"9+3"计划的作用和影响。这些众多的类似措施，不但对毕业生的就业起到了极大的帮助作用，而且为教育"9+3"计划的顺利实施和更好地发展提供了保障。

---

① 周后英：《藏区"9+3"学生顶岗实习情况的问卷调查与分析——以攀枝花市经贸旅游学校为例》，《当代职业教育》，2012（9）：37-40。

② 何斌：《藏区"9+3"学生就业趋向调查分析》，《当代职业教育》，2012（9）：26-29。

③ 李钢：《达县多举措促进"9+3"毕业生就业》，《蜀风·巴蜀短波》，2012（8）：35。

当然，在这个过程中离不开相应企业的帮扶，但在现有的文章中还很难看到相关的论述，这也是教育"9+3"计划研究文献方面的一大缺憾。主要表现在对社会的和企业的帮扶等内容的研究非常少，对学校层面的研究也不够完善，或者说，研究还不宽泛。关于对政府层面的研究，更多的是见诸报刊的资讯，很少有正式的文章。因此，对于教育"9+3"计划在毕业生就业方面的研究又少又窄，还需要在今后的研究工作中不断加强。

（三）中职生学习动机与质量的相关文献述评

中职生的学习动机与学习质量是中等职业学校办学水平的重要标志，同时也是中职生就业和发展的基础。笔者在中国知网、万方、google 学术文献检索数据库分别以"学生学习动机""中职学生学习动机""学生学习质量"和"中职学生学习质量"为关键词，对相关文献进行检索。从检索分析的结果来看，研究"学生学习动机"和"中职学生学习动机"的文献比较丰富，从检索的文献中发现我国对于"学习动机与质量"的研究呈不断上升的趋势。当代学习动机理论主要集中在自我价值、自我效能、成就目标、内部/外部动机、成就动机、合作/竞争、归因和期望价值等理论框架上，而学习质量则集中在评价指标体系的构建上。我国学者张爱卿在其著作《动机论：迈向二十一世纪的动机心理学研究》[①]中指出，学生的学习动机主要受交往动机、成就动机和求知欲支配。交往动机是指为了获得他人的赞许、认可和亲近而努力学习的一种动机，它是一种源于外部原因的内在推动力量。成就动机是为了维护个人自尊心和提高个人地位而努力学习和工作的一种动机，这也是一种由外部原因引起的内部推动力量。而求知欲则是一种以获得知识为目的的学习动机，这种动机指向学习任务本身，获得知识就能获得最大的满足，因而求知欲是一种内部动机。此外，牛继华在《中国教育学刊》1996 年第 5 期发表的《促进学习动机形成的教学方法》[②] 一文中，主张通过教师的教学活动来促使学生形成学习动机。刘启珍、丁勇在《湖北大学学报》1997 年第 3 期发表的《激发学习动机与维护心理健康的相关分析》一文中，对动机与心理健康的关系进行了详细的论述。杨晓英在《辽宁教育学院学报》1998 年第 15 卷第 4 期发表的《学生学习动机探析》一文中，指出相当一部分学生的学习动机存在问题，

---

① 张爱卿：《动机论：迈向二十一世纪的动机心理学研究》，华中师范大学出版社 2011 年版，第 7 页。

② 牛继华：《促进学习动机形成的教学方法》，《中国教育学刊》，1996（5）。

作者对影响学生学习动机的社会、家庭、教师等因素进行了深入分析，并提出了相关的对策。2002年，王振宏、刘萍在《动机因素、学习策略、智力水平对学生学业成就的影响》一文中认为内在动机与学业成就呈显著的正相关，外在动机与学生成就呈显著的负相关，即内在动机通过直接影响学习策略而间接影响学业成就。另外，许多教学单位就学生学习动机的状况开展调查的研究成果也经常见于报纸杂志。

不仅如此，近几年来，我国学者对中职学生学习状况的关注也逐渐增多。张兰旗在《职教通讯》2001年8月发表的《中职生厌学的原因分析及消除对策》一文，就从学生自身、教师、学校环境、家庭环境、社会环境等方面分析了中职生厌学的原因，并从激发学习动机、培养学习品质、激励教育、培养兴趣、优化育人环境等方面提出了相应的对策。吴恒祥在2002年《中国职业技术教育》上发表了《中职生文化课学习障碍及其排除策略》一文，文章从"知识障碍及其排除""认知障碍及其排除""心理障碍及其排除""兴趣障碍及其排除"及"情绪障碍及其排除"五个方面提出了排除中职生文化课学习障碍的策略。周美兰在《中职生学习心理对其学习态度影响的调查与思考》（2005）中通过对鄂西北三个中等职业学校学生的学习态度、学习心理等相关因素进行研究，发现中职生学习心理对其学习态度有显著的影响。该文章认为应激发学生的学习情感，坚定学习信念，加强学习策略训练，优化学习情境。高娟在《影响中职生学习动机的内部因素及调适方法》（2005）一文中认为中职生学习动机的形成与自身理想、学生自身需要和目标结构，以及学生的性格特征、兴趣爱好、焦虑程度、意志品质等都是相关的。任爱珍在《浅谈动机因素在促进中职学生学习中的作用》一文中也认为："动机对于中职学生的学习有着不可忽视的作用，激发中职学生的学习动机，对于培养中职学生适应社会的发展能力具有双重的作用。"杨学军在《谈中职学生学习动力的培养》一文中认为中职学校生源较差，扭转这种局面的突破口就是培养学生的学习动力。他列举了造成学生学习动力缺失的主要原因，并从学校管理、教学改革、职业指导和校园文化建设四个方面提出了培养学生学习动力的对策。国外对于学习动机与学习质量的研究始于1930年，学习动机主要有驱力说、强化论、内在动机论、动机需要论、成就动机理论、归因理论、自我效能感，但各种理论都有一定的局限性。以"学生学习质量"和"中职学生学习质量"为关键词检索，前者文献较多，后者文献很少。笔者梳理分析文献后发现，中职学生学习质量评价主要存在以下几个方面的问题：

（1）职业学校在对学生学习质量评价工作中缺乏差异性评价。在一个班级中，学生个体的学习水平存在差异，不应用同一把标尺去规量所有的学生，而应追求发展学生多方面的潜能，帮助学生认识自我、提升自我，充分发挥评价的导向和激励作用，通过评价来改进教师的教和学生的学，从而进一步达到培养学生的目的。

（2）评价游离于培养目标之外。这一弊端主要表现为：评价主体单一，评价方式单一，评价内容单一。考试评价体系在很大程度上还保留传统的"知识本位"考试评价方式，评价主体就是教师，评价的内容仍局限在知识的理解和运用上，缺乏实践学习能力的培养，忽视情感创新能力的学习。

（3）学习质量评价的操作和管理尚未形成规范和制度。主要表现为：评价随意性大，主观性强，人为因素过多，定量分析不足，定性结论过多，往往以一两次考试来评价一位学生，存在偶然性和片面性等弊端。

（4）学习质量评价指标体系陈旧，不能与自身特点有机融合。主要表现为：评价体系建立的依据过于陈旧，考核内容关联度较低，层次模糊。每所职业学校都设置了不同的专业。针对不同的专业、不同的年级，对学生的知识学习能力、实践学习能力和心理素质及创新学习能力的要求也不同。面对这种种的不同，如果仍采用相同的评价标准，势必就会造成学生学习质量不高等现象。

（5）学习质量评价的目的不清，功能不全。一般来讲，学习质量评价主要应满足三个目的：一是为了改进和发展正在进行中的教学活动或方案，即形成性功能；二是为了用来选择、证明或说明一些问题，即总结性功能；三是为了激励和提高认识，即心理功能。目前，职业学校采用的评价更多的是总结性评价，并没有充分发挥出评价的应有功能。

三、研究设计

（一）研究问题

没有问题意识的研究是伪研究。因此，我们在明晰整个研究工作的研究意义的基础上，应从以下四个问题出发来保障整个研究工作的科学性，最终凸显整个研究工作的逻辑起点。

（1）本项目研究的背景问题，即"为什么"要研究此课题的问题。本研究将在问卷调查与实地访谈紧密结合的基础上，着重对贵州实施教育"9

"+3"计划背景下中职学生学习动机与教育教学质量的现状与问题进行研究,然后以学生的学习动机为突破口,对上述问题进行归因分析。

(2)本项目研究的本源问题,即本项目所要探讨的教育"9+3"计划背景下中职学生学习动机与质量"是什么"的问题。本项目将从基础理论与架构理论有机结合的角度出发,对本项目所涉及的教育学、社会学和心理学等学科的基础理论及学习动机与质量的运行机理、构成要素等架构理论进行探讨。

(3)本项目研究的策略问题,即"如何"评价和分析教育"9+3"计划背景下中职学生学习动机的问题。本项目将从"评价体系、保障机制和技术平台、案例分析"四大维度出发,认真分析教育"9+3"计划背景下中职学生学习动机的激发路径、保障机制与技术平台,进而为教育教学质量的不断提升创造机会。

(4)本项目研究的效应问题,即本项目所建构的教育"9+3"计划背景下中职学生学习动机之激发策略在中职学校一线应用实际效果"怎么样"的问题。本项目将在定点实验的基础上,对本项目所涉及的学习动机与学习质量的评价实际效果进行观测,以期通过翔实的实验数据为后续研究打下基础。

(二) 研究目标

本研究的总体预期目标是在实证分析贵州实施教育"9+3"计划背景下中职学生学习动机与教育教学质量现状与问题的基础上,明晰教育"9+3"计划背景下中职学生学习动机与教育教学质量之间的复杂关联、构成要素和运行机理,然后架构教育"9+3"计划背景下中职学生学习动机的激发路径、评价体系、保障机制、技术平台等,并将其应用到中职学校。

为了实现这一总体预期目标,本研究必须首先实现以下八大具体目标:第一,明晰教育"9+3"计划背景下中职学生动机与教育教学质量的现状与问题。第二,厘清教育"9+3"计划背景下中职学生学习动机激发与教育教学质量之间的复杂关联。第三,明晰教育"9+3"计划背景下中职学生动机激发与教育教学质量提升之间的运行机理。第四,厘清教育"9+3"计划背景下中职学生动机与教育教学质量的构成要素。第五,勾勒教育"9+3"计划背景下中职学生学习动机的激发路径。第六,厘清教育"9+3"计划背景下中职学生动机激发的评价体系。第七,厘清教育"9+3"

计划背景下中职学生动机激发的保障机制。第八，搭建教育"9+3"计划背景下中职学生动机激发的技术平台。

（三）研究内容

为了有效实现上述预期研究目标，我们设计了下述"三大板块九个模块"的研究内容框架，具体参见图1-1。

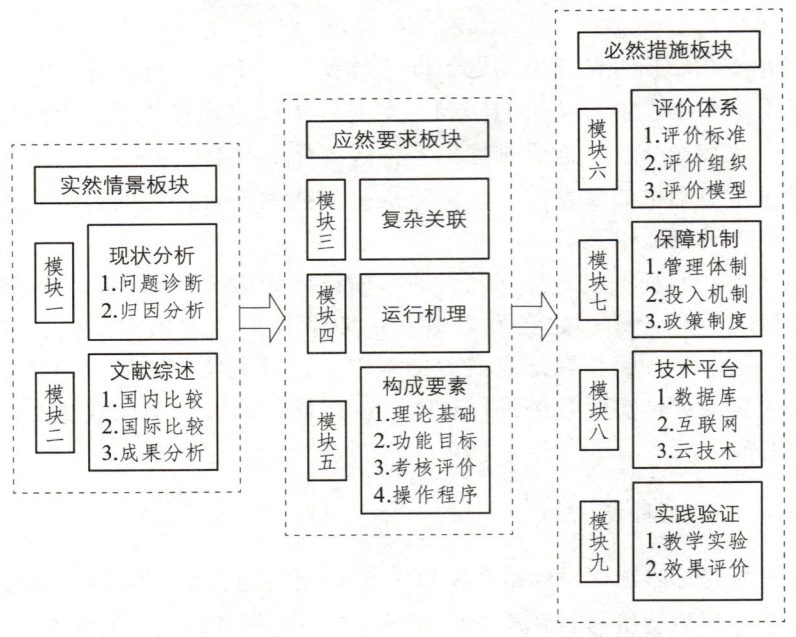

图1-1 研究内容总架构示意图

（1）在实然情景板块，本研究将设置教育"9+3"计划背景下中职学生学习动机与质量的文献综述、教育"9+3"计划背景下中职学生学习动机与质量的现状分析两个研究内容，重点探讨该项目研究的前提基础与发展动力。

（2）在应然要求板块，本研究将设置教育"9+3"计划背景下中职学生学习动机与质量的复杂关联、运行机理、构成要素等三个模块的研究内容，重点探讨该项目研究的本质内涵，进而明确该项目研究的理论价值和现实意义。

（3）在必然措施板块，本研究将设置教育"9+3"计划背景下中职学生学习动机与质量评价体系、保障机制、技术平台与实践效果四个模块在内的研究内容，重点探讨该项目研究所追求的建构路径与保障机制，进而有效彰显教育"9+3"计划背景下中职学生学习动机与质量研究的技术平台与实践效果问题。

（四）研究思路

为了保障预定计划研究成果的有效产出，我们将按照实证研究、理论研究、对策研究、实验研究的逻辑思路，以问题归结、理论建模、对策探讨和实践验证作为本项目的研究路线，具体参见图1-2。

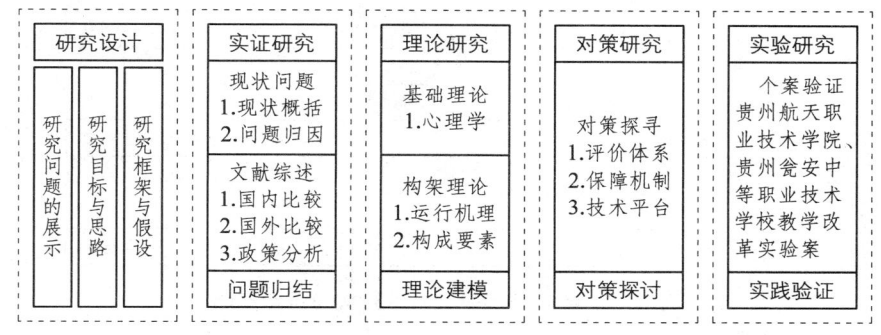

图1-2　研究思路逻辑图

（五）研究方法

根据研究内容的安排，我们有针对性地设计了以下七种研究方法，且每一种研究方法都对应某一类问题，详情请参见图1-3。

（六）研究假设

为了充分保证研究效果的科学性、有效性、可行性和前瞻性，本研究拟从前提条件、假想目标和理论基础三个维度提出以下研究假设。

1. 前提条件假设

条件是事物存在的前提与要求，对"贵州实施教育'9+3'计划背景下中职学生学习动机与质量"的研究条件进行假设，能有效理清研究的必要性与可能性，进而使整个研究结果更具有合理性和逻辑性，最终充分彰显研究结果的效度和信度。具体而言，本项目的研究应主要以下两大前提条件为研究基础：

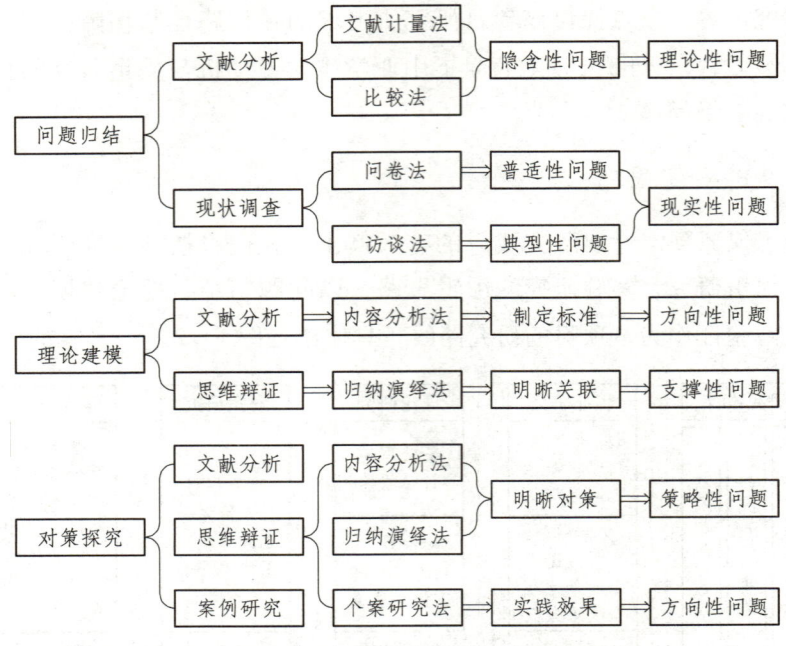

图1-3 本项目的研究方法对应问题示意图

第一，任何事物都是在内因与外因的相互作用中不断前进变化的，内因是事物发生变化的根本原因，它决定着事物变化的程度。内因是指遗传带来的物质前提和后天能动结构提供的精神前提相统一的发展潜能，外因则是指通过环境和教育影响整合的各种支持、促进和推动条件。对中职学校的学生而言，他们的生活环境和学校教育状况是他们发展的外因，也是他们的遗传和能动结构等内在因素得以实现的各种因素的综合体。外因不是为自己而存在的，而是为内因而存在的。环境和教育的作用，归根到底是为了使建立在遗传素质基础上的能动结构越来越复杂、越来越完善。①

众所周知，中职学校学生的教育质量普遍偏低，其原因固然很多，但大多指向学生自身，即学生缺乏主动学习的意愿和积极性。前人的研究结果表明，在环境和教育等外在影响因素相同的情况下，人的遗传和能动结构等内在因素在把人的可能性转化为现实性的方面扮演着至关重要的角色。也就是说，在遗传、环境等内外因素类似的情况下，以学习动机等为外在表征的能动结构是影响中职学校学生学习质量的关键所在，它决定着中职学校教育教学质量的高低与好坏。同时，鉴于内因与外因之间的能动关联，

---

① 刘宏武：《个性化教育与学生自我发展》，中央民族大学出版社2004年版，第61-64页。

中职学校教育教学质量的提升,必然也会刺激学生学习动机等内在因素的作用不断强化,进而形成内部因素和外部因素相互促进的良性发展局面。

第二,教育"9+3"计划的顺利实施是促使职业学校加强内涵建设的关键推动力,而职业学校教育教学质量的提升离不开外在政策环境等的保障。前面已经提到,以学习动机等为外在表征的能动结构是影响中职学校学生学习质量的关键,决定着中职学校教育教学质量的高低与好坏。但这一推论结果是以遗传、环境等影响因素类似为假设前提的,如果遗传、环境等影响因素发生了变化,则有可能会出现迥然不同的结果。正是基于这一考虑,我们在研究"贵州实施教育'9+3'计划背景下中职学生学习动机与质量"这一主题时,十分有必要对各中职学校学生的教育教学环境进行思考。我们认为,当前贵州实施的教育"9+3"计划,是促使各职业学校加强内涵建设的关键推动力,是各职业学校教育教学质量不断提升的政策环境保障。

2. 研究目标假设

目标是行动的导向与结果,缺失了目标的作用,任何研究都会因为动力的缺乏而显得苍白无力。为切实保证本项目研究的动力,有必要对本项目研究的假想目标进行设想与分析,最终提升本项目研究的效果。具体而言,本项目的研究主要是以下七大目标为假想效果的:

(1) 教育"9+3"计划背景下中职学生学习动机激发与教育教学质量之间存在错综复杂的关联。不断激发内在影响因素的学习动机能有效提升中职学校的教育教学质量,反之,中职学校教育教学质量的不断提升又能刺激学生内在学习动机的不断激发,进而使动机与质量呈现出一种螺旋式递升的良好发展态势。

(2) 教育"9+3"计划背景下中职学生动机的激发与教育教学质量的提升之间存在错综复杂的关联。然而,对各中职学校的学生而言,无论是动机的激发过程还是质量的提升过程,都需要某些必然的机制和理念作支撑。除此之外,动机的激发和质量的提升之间也需要某种机制或理论作指导,进而促进两者之间的良性互动。

(3) 教育"9+3"计划背景下中职学生的学习动机是由众多要素构成的。其中学习动机包含学习目标、努力程度、成功愿望和学习态度等要素,而教育教学质量则主要由学生在校时的学业成绩和毕业后的就业状况等要素来体现。

(4) 教育"9+3"计划背景下中职学生学习动机激发的有效策略主要

由学习目标、学习兴趣诱发、教师言行先导、就业前景诱因等因素构成，它是中职学校学生教育教学质量提升的有效保证。

（5）教育"9+3"计划背景下中职学生学习动机激发的评价体系主要由内部动机评价体系和外在机动评价体系两部分构成，内部评价体系由学生的学习需要、兴趣、愿望、好奇心、求知欲、理想、信念、人生观、价值观，以及自尊心、自信心、责任感、义务感、成就感和荣誉感等要素构成，而外在评价体系则由社会的要求、考试的压力、父母的奖励、教师的赞许、伙伴的认可、评优秀学生、获得荣誉称号和奖学金、求得理想的职业、追求令人向往和称羡的社会地位等要素构成。其中，内部评价体系是主导的，外在评价体系则是辅助的，它们共同保障学生学习动机的充分激发。

（6）教育"9+3"计划背景下中职学生学习动机的激发应由创设问题情境、激发探究兴趣、倡导合作式竞争、提高自我效能感、追求成功体验、促进正确归因、关爱全体学生、消除不良体验等来保障。

（7）教育"9+3"计划背景下中职学生学习动机的激发离不开网络技术和云计算技术等技术平台的支撑，应努力建构一个交互灵活的学习动机激发技术支撑平台。

3. 理论基础假设

有哲人曾经说过，任何计划或项目的出台均是特定思维理念或视角观念的衍生物。教育"9+3"计划作为一项以"免费"教育为核心，以提高九年义务教育阶段巩固率和中等职业教育阶段成效率为主旨的战略规划，其是贵州经济社会科学发展之客观需求的外在表征，是贵州教育事业内涵式发展之必然路向。从该计划构建与实施的思想起源和创意宗旨来看，教育"9+3"计划同样是特定思维理念或视角观念的衍生物，它不但需要劳动力转移、教育均衡、制度变迁、政策评价等思维理念来为其内涵构建进程提供理论依据，而且需要教育学、心理学、经济学和社会学等思潮观念为其提供理论支撑。

（1）教育"9+3"计划之内涵构建进程的理论依据。

前面已经提到，教育"9+3"计划是贵州省委、省政府在奋力推进"工业化、城镇化、农业现代化"建设进程中所提出来的一项重大战略决策。该战略决策是国家利益代理者在对教育"9+3"计划之内涵与本质进行深入探究与缜密思量的基础上，借鉴劳动力转移、教育均衡、制度变迁、政策评价等思维理念成果构建而成的。

其一，阶层流动是教育"9+3"计划构建借鉴劳动力转移理论之当然。

一般来说，劳动力转移是指社会主体从既得利益较低的单元向预设报偿较高的单元流动。教育"9+3"计划作为一项重大战略决策，其在其酝酿伊始必定会权衡多方参与主体的利益，因为只有在充分保障参与主体应得最低限度报偿的前提下，才能永葆该项决策不断革新的发展动力。考虑到教育"9+3"计划参与主体的特殊性（往昔的研究成果表明，从义务教育阶段过渡到中等职业技术学校接受免费职业教育的对象大多来自社会底层，属典型的"弱势群体"），故在该计划构建伊始，国家利益代理者就为这些参与主体量体裁衣，预设了一个"理想蓝图"。于是，许多九年义务教育阶段的所谓"双差生"本着对自己所处阶层的不认同和对未来阶层的美好憧憬加入"3"计划行列之中，进而完成了自己劳动力转移的第一步。正是基于这一思考，人们完全有理由相信，教育"9+3"计划构建活动是充分借鉴了以"阶层流动"为终极追求的劳动力转移理论。

其二，统筹发展是教育"9+3"计划构建借鉴教育均衡理论之应然。

教育均衡理论的本质是一种教育机构、教育对象等在教育活动中享受平等待遇的教育思想，它的基本要求是在教育机构和教育群体之间，平等地分配教育资源，借以达到教育需求与教育供给相对均衡的状态。因此，教育均衡发展既是一个目标，也是一个过程。[①] 教育"9+3"计划作为一项重大战略决策，无论是在其酝酿还是在其构建阶段都会本着责任意识、公平观念、人性关怀等对"教育所培养的劳动力在总量和结构上是否与经济社会的发展需求相均衡、城乡受教育者的权利和机会是否均等、城乡各类教育资源间的配置是否均衡"等问题进行仔细思考。这一点我们可以从《贵州省人民政府关于实施教育"9+3"计划的意见》（黔府发〔2013〕1号）中阐述的"优化中小学校布局调整、推进义务教育阶段教育信息化、健全义务教育'控辍保学'工作长效机制、扩大中职学校办学规模、提升中职教育人才培养质量"等重点工作的安排中得到验证。鉴于此，我们完全可以说，教育"9+3"计划之战略决策的提出，是科学借鉴教育均衡理论之应然，其所追求的是以统筹发展为目标的基础教育内部、职业教育与基础之间、城乡教育之间、劳动力结构与经济社会之间的协调发展。

其三，自上而上是教育"9+3"计划构建借鉴制度变迁理论之必然。

---

① 王善迈等：《中国教育发展不平衡的实证研究》，《教育研究》，1998（6）。

制度变迁理论是指创新主体为实现一定的目标而进行的制度重新安排或制度结构的重新调整。它是制度的替代、转换、交易与创新的过程。[①] 从教育"9+3"计划的内涵本质与任务要求来看，此计划"自上而下"的变迁路径及显著的强制性表明该计划属于美国著名经济学家道格拉斯·诺思所分析认定的正式制度的范畴。这一点可以从该计划的制订者对九年义务教育和三年免费中职教育阶段相关信息的全面把握程度及对办学经费、人力资源等教育资源配置类特殊权力的掌控程度初见端倪。既然属于诺思所分析认定的正式制度的范畴，那么该计划的制订主体必定是在对计划的预期收益和应付成本进行仔细比对后所做出的创新之举，并且该创新之举背后的动力必定与发展该计划的公益性及其巨大的外部经济效益和社会效益有关。因为按照诺思的观点，任何主体所追求的制度变迁行为都是利益最大化驱动使然，这一主体自然包括国家利益集团和代理者在内。基于此，我们可以认定，教育"9+3"计划是替代低效度教育制度之必然，其核心诉求在于通过办学体制、投资体制、管理体制等教育资源配置效率的不断优化来为九年义务教育和三年免费中职教育的有效发展提供制度保障，尽管这一保障制度表现出明显的"自上而下"的发展特征。

其四，执行效果是教育"9+3"计划构建借鉴政策评价理论之实然。

政策评价是政策评价主体依据一定的评价标准，采用一定的方法，对政策的内容、执行过程及执行结果进行的价值判断，判断政策的执行效果是否达到政策预期目标，其评价的实质是对政策实施的价值判断。[②] 人类几千年来的教育实践表明，教育的发展离不开教育政策的引导、规范和支持，教育政策也是促进教育事业发展的重要教育资源。教育"9+3"计划作为一项重大的战略决策，其构建伊始就本着引导、规范和支持九年义务教育和三年免费中职教育科学发展之宗旨，尝试在九年义务教育水平不断提升、三年免费中职教育不断铺开、中小学校布局不断优化、义务教育阶段教育信息化不断推进、中等职业学校办学规模不断扩大、"控辍保学"工作长效机制不断健全、中等职业教育人才培养质量不断提高、义务教育和中等职业教育师资队伍建设不断加强等执行效果中，通过目标任务的完成度、重点工作的推进度、保障措施的完善度等愿景量标来践履该政策的

---

① 贺武华等：《高等教育发展的制度变迁理论解释》，《江苏高教》，2004（6）。
② 岳智勇：《四川藏区"9+3"免费职业教育政策的可行性研究》，电子科技大学学位论文，2012。

评价功能。因此,无论此计划的制订者是否意识到,教育"9+3"计划对政策评价理论的借鉴都是毋庸置疑的。

(2) 教育"9+3"计划之整体建构活动的理论支撑。

前文已经从劳动力转移、教育均衡、制度变迁、政策评价等思维理念方面论述了教育"9+3"计划构建进程的理论依据,但这仅仅是此计划构建的一个方面,因为此理论依据还远不能独自支撑整个计划的建构进程,还需要从教育学、心理学、经济学和社会学等思潮观念层面来阐述此计划的理论支撑架构,借以促进此计划的顺利建构。

其一,育人为本是教育"9+3"计划实施之教育学要求。

从教育学视角探寻教育"9+3"计划的建构本源,其研究的逻辑起点在于对"什么是教育"这一基本问题的阐释。但对于"什么是教育"这一基本问题,不同的人有不同的理解。综观大家的解释,不难发现,认为教育的本源应是"育人为本、彰显人性"者不在少数。也许正是基于这一共识,故在以"育人为本"为核心理念的教育学视角内,教育"9+3"计划所关注的基本问题应着眼于以下两个方面:"9"和"3"如何衔接,"9"和"3"内部众要素如何协调。而对这两大基本问题进行有效探究均是围绕"如何育人"这一逻辑主线展开的。所不同的是,对"9"和"3"如何衔接的问题进行思维架构时,其探究活动所关注的是处于整个教育链上游的诸如教育方针、教育体制、管理机制、教育理念等宏观层面的信息,而对"9"和"3"各自内部众要素如何协调的问题进行解读时,其探究活动所侧重的则是位于该教育链中下层的诸如学校布局、师资队伍、教学管理、教学模式、资源配置、教学艺术等中观和微观的信息。也就是说,基于教育学理论视角、秉持"育人为本"之教育"9+3"计划建构理念,虽然能通过对位于宏观层面的教育方针等信息的关注和对处于中、微观层面的师资队伍等信息的侧重来有效阐释该计划"如何育人"的问题,但该建构理念无法科学而有效地诠释该教育计划究竟需要"育什么样的人"这一根本性问题。

其二,需求至上是教育"9+3"计划实施之心理学表征。

心理学是一门以揭示人类心理活动之内在规律等为主旨的科学。心理学之所以能成为教育"9+3"计划建构之支撑理念,原因在于教育"9+3"计划中人的位移总是处于"在场"的状态。而建构教育"9+3"计划历程中所发生的众多活动轨迹都与处于该教育计划中"在场"人员的心理特征、瞬时动机、人文情愫和精神表象等位移态势有密切的关联。因此,从心理学理论视角来看,"需求至上"的视角理念就自然而然地成为建构教育"9+3"计划的思维逻辑起点。而这一思维逻辑起点的最终明确必然会引发建构教育"9+3"计划究竟要培养"什么样的人"这一根本性问题。因为对该计划究竟需要培养"什么样的人"这一根本性问题的阐释,关系到该计划的实施效果和建构初衷的达成程度。而无论是该计划实施效果的彰显还是该计划建构初衷的表达,均与处于该教育计划中"在场"人员之"需求至上"的内在心理活动规律或表征有关。

前文已经阐述过,教育学理论本身无法回答该教育计划究竟需要"育什么样的人"这一根本性问题,可洞察教育"9+3"计划建构之思想起源和创意宗旨,不难发现,该计划是以"自我实现"和"社会需求之理想人才"两大价值取向为建构前提的。无论是"自我实现"之价值取向的彰显还是"社会需求之理想人才"建构前提的确立,都与处于该教育计划中"在场"人员之"需求至上"的内在心理活动有关。为此,教育"9+3"计划的建构活动必须切实考虑出于"需求"意愿而参与该计划建构活动的"在场"人员的需求意愿体系,因为这一需求意愿体系或多或少地与处于该需求体系之下位的、隶属于微观层面的诸如教学目标、评价模式、教学风格、教学情境、教学方法等因素有关。也许正是基于这一考虑,"需求至上"等理念视角自然就成为建构教育"9+3"计划之心理学理论表征。

其三,效益最大是教育"9+3"计划实施之经济学诉求。

经济学是一门以揭示经济活动规律为己任,以追求经济利益最大化和实现经济结构最优化为目的的科学。从经济学理论视角探讨教育"9+3"计划,其关注的逻辑起点必然也会通过经济学理论中"效益最大"这一核心理念来凸显建构教育"9+3"计划的可能性和必要性。任何计划都是建立在一定经济利益基础之上的。作为反映现阶段主流价值观念诉求的教育"9+3"计划,其必然建立在一定的经济基础之上,故其建构活动自然也会受到经济活动内在发展规律的制约与影响。而作为经济活动内在发展规律之外在表征的"效益最大"经济原理,自然也就关涉到教育"9+3"计划实施的深度与效度等,即"效益最大"经济原理会直接影响到教育"9+3"计划之"育人效果如何"这一本质问题的践履程度。

前文所论述的隶属于心理学层面的"需求至上"之视角理念为教育"9+3"计划诉求"育什么样的人"这一根本性问题的解答,提供了归属于个体自然属性层面的理论支持。然而,作为社会生活中的个体,其不仅具有某种必然的、与生俱来的自然属性,而且还会因为其生活在一定的社会关系中而彰显出某种后天形成的社会属性。这种社会属性必然会对作为社会公众现象的教育"9+3"计划建构目标提出某些要求,而这些要求从经济学原理层面来审视,就是看在教育"9+3"计划建构活动中能否实现以最少的资源投入而得到最大化的价值诉求。也就是说,教育"9+3"计划的建构目标——育人效果是否达到了"效益最大化"的目标诉求。

正是基于这一考虑,为了彰显该教育计划之"效益最大化"育人效果,我们在教育"9+3"计划的建构活动中,应始终坚持贯彻"效益最大"之育人原则,从教育方针、管理体制、办学理念、学校布局、专业设置、资产利用、课程开发、校企合作等多方面、多角度综合判定教育"9+3"计划的建构效果,最终把衡量教育"9+3"计划之"育人效果如何"作为判定该教育计划建构质量和实施效果优劣的标准。

其四,和谐发展是教育"9+3"计划实施之社会学宗旨。

社会学理论中之社会和谐的理念是指社会系统中的各个部分、各种要素处于相互依存、相互促进、协调发展和良性运行的状态。该理念之要旨是指人与自然、人与社会、自然与社会、人与人之间的和谐相处。[①] 以社会和谐理念视角为逻辑思维起点来探讨教育"9+3"计划,其所欲揭示的结果必然会指向教育"9+3"计划"为什么要那样育人"这一核心问题。因为作为社会公众现象的教育"9+3"计划,其整体建构活动始终离不开社会这一生活大环境,而构成社会生活之主体的却主要是一个个自然属性迥异的个体。为此,通过教育"9+3"计划来凸显社会构成主体之社会化价值的建构活动,就是阐述教育"9+3"计划的育人缘由和达人途径。而对教育"9+3"计划之育人缘由和达人途径等问题进行阐述的过程,就是教育与社会之间复杂关联不断明晰的过程。

正是基本这一研究前提,教育"9+3"计划中,无论是"9"因素还是"3"因素,或该计划中的"9+3"表象,其均是从教育学的角度来进行思维架构的。虽然这一思维架构能有效回答教育"9+3"计划是"什么"这一本源性问题,但它无法解释教育"9+3"计划"为什么要那样育人"这一关键问题。为此,还需要我们从教育与社会之复杂关联的视角来对该计划之建构根源进行整体考究。

正如前人所言,教育作为一种社会公共活动,其有效运作需要社会生

---

① 刘殿臣:《和谐社会理论提出的背景初探》,《现代商业》,2008(4):263。

活情境来作为支撑。而作为处于架构地位态势的社会情境则离不开教育现象的有效支持。因为教育的和谐能通过人的作用实现社会的和谐，而社会的和谐又能有效推动教育的和谐。① 作为社会现象的教育"9+3"计划，其建构背景不仅源自对教育和谐发展之目的所进行的综合思考，而且出自于对社会和谐发展之建构蓝图所牵引出的科学思量。

首先从显性层面来看，教育"9+3"计划中的"+"符号，不仅隐示着九年义务教育还存在着诸多不足，而且彰显出三年职业教育尚处于尴尬的发展境地，迫切需要诸如教育"9+3"计划等的建构活动来彰显与保障和谐教育态势的形成。其次从隐性层面而言，教育"9+3"计划中的"+"符号，凸显的是社会和谐发展的诉求。因为处于显性层面的教育现象，终究要回归到现实社会生活中来表征，并最终要通过社会生活中人的作用来突出教育活动的价值，进而在"完整人"之社会化价值的不断体现中建构和谐发展的社会。正是基于这一思考，我们完全有理由相信，教育"9+3"计划不仅圆满诠释了"为什么要那样育人"的核心问题，而且充分体现了教育与社会和谐发展的价值诉求。

四、研究计划

依据本项目的总体规划与其可预见的研究难度，本课题从正式接到招标方的批复到项目结题，计划用两年左右的研究时间完成所有的研究工作。鉴于本课题受其研究内容的庞大性、研究方法的多元性、研究视角的整合性等众多因素的影响，具体研究进度作以下安排：

（一）第一阶段

第一阶段（2013年11月至2014年5月）：计划完成"教育'9+3'计划背景下中职学生学习动机与质量的文献综述研究""教育'9+3'计划背景下中职学生学习动机与质量的问题诊断与成因归析"两大模块内容的研究工作。其中，贵州省教育科学院职业教育与成人教育研究所负责"教育'9+3'计划背景下中职学生学习动机与质量的问题诊断与成因归析"模块的研究工作，铜仁职业技术学院征玉伟老师负责"教育'9+3'

---

① 朱春花：《社会和谐与教育和谐之关系摭谈》，《湖北第二师范学院学报》，2008（10）：101-102。

计划背景下中职学生学习动机与质量的文献综述"部分的研究工作。

（1）2013年12月，首席专家召集课题组全体成员进行项目开题工作，共同商讨课题研究的大体分工和具体细节。同时，各子课题负责人充分利用所在院所的科研条件，组织其所有成员，根据子课题的研究内容，有针对性地开展前期的资料收集与文献整理工作。

（2）2014年1月，各子课题组在资料收集和文献整理的基础上，根据各自的研究内容细化研究大纲，并依据实地调查的具体需要设计调查问卷和访谈提纲。与此同时，召开课题第一次研讨会，首席专家召集课题组全体成员就调查问卷的设计和各子课题的指标体系构建等问题进行深入讨论和系统审定，各子课题依据课题总的研究目标制订各自的调研计划。

（3）2014年3~4月，各子课题组成员根据具体研究需要，确定样本地区与样本学校，首席专家、子课题负责人组织课题组成员或其学生分赴样本地区开展调研、收集数据，并分析部分数据，撰写阶段性调研报告和学术论文。

（4）2014年4~5月，首席专家主持召开课题第二次研讨会，邀请相关研究领域内的专家，认真修改调研报告，并择优报送省教育科学研究院及省厅的相关部门，以供决策参考。

（二）第二阶段

第二阶段（2014年5月至2014年9月）：计划完成包含"教育'9+3'计划背景下中职学生学习动机与质量提升的运行机理、构成要素"等模块内容在内的研究工作。其中，铜仁学院的王立平老师负责"运行机理"部分的研究工作，铜仁学院的梁成艾老师负责"构成要素"部分的研究工作。与此同时，研究秘书艾文娟老师负责提交第二研究阶段的研究成果，以供第三次课题研讨会讨论。另外，课题总负责人做好第一阶段研究成果的发表工作。

（三）第三阶段

第三阶段（2014年9月至2015年3月）：计划完成"教育'9+3'计划背景下中职学生学习动机提升路径、评价体系、保障机制和技术平台"等内容的研究工作。其中，铜仁学院的刘方林老师负责"提升路径"部分的研究工作，黔南职校的都元贵老师负责"保障机制"部分的研究工作，铜仁学院的王立平老师负责"评价体系"部分的研究工作，铜仁学院的刘方林老师负责"技术平台"部分的研究工作。以上所有负责人的研究成果均要在 2015 年 3 月底交第三次课题研讨会讨论，同时做好相关研究成果的发表和编辑工作。

（四）第四阶段

第四阶段（2015 年 3 月 – 2015 年 11 月）：计划召开第三次课题研讨会，布置完成验证性案例的设计、实验与分析等工作，具体由黔南职校和贵州航天职业技术学院负责。同时，对第二、第三阶段的研究成果进行审议，及时提出修改完善意见。另外，在充分完善前期研究成果的基础上准备好研究报告、咨询报告和后续专著出版等结题工作。

五、研究创新

在明确好本项目研究问题、目标和内容的基础上，我们将努力尝试在"取向、视角、方法、内容及逻辑"上有所突破。

（一）研究取向

本研究一改以往纯粹关注社会需求的研究趋向，努力尝试以"人性解放与社会需求"统筹的研究取向来探究"教育'9＋3'计划背景下中职生学习动机与质量"的要义与真谛，借以有效凸显本项目关注指导方法的研究特色。

（二）研究视角

本研究将注重通过破立结合的方式来实现学科视野、问题意识和实践凝练等研究视角，以及"古为今用、洋为中用"研究视域的有机融合，进而切实保障"教育'9＋3'计划背景下中职生学习动机与质量"研究历程的规范性。

（三）研究方法

本项目将关注多法融合、实证主导的研究趋向。重视通过文献综述与调查访谈、逻辑演绎与实验验证有机结合的方式开展"教育'9＋3'计划背景下中职生学习动机与质量"的研究工作，从而避免理论与实践相脱离研究怪象的产生。

（四）研究内容

本研究将从内在本质洞悉与外在环境诉求、问题缘起归析与研究效果呼应有机融合的角度出发来探讨"教育'9+3'计划背景下中职生学习动机与质量"建构理论的有机融合性、构成要素的广泛多元性、评价体系的组织系统性、保障机制的适灵活开放性以及技术平台适切得体性，以充分保证研究结果的有效性。此外，在沿袭传统研究趋势所关注的常规内容之处，还要重视从信息技术角度出发来探讨互联网、云技术、数据库等现代高新技术在"教育'9+3'计划背景下中职生学习动机与质量"研发过程中的平台支撑作用，以凸显本项目研究的现代化、开放性特色。

（五）研究逻辑

本研究将注重通过开放式架构、循环式路径和闭合式通道等来克服传统研究的封闭性、终结性、断裂性、控制性和片面性等所造成的负面影响，进而切实保证传统研究逻辑沿着问题归结、理论建模、对策探寻和实践验证的发展思路不断实现科学性重构。

第二部分 探源与聚焦：中职生学习动机研究综述

学习动机是推动学生自觉学习的一种内在动力，是学生在学习上的自觉性和对学习的浓厚兴趣的根源，是激发学生朝一定目标正常发展的内在过程和心理状态。伴随中职学校规模的迅速扩大、因招生政策变化而带来的生源特征的明显变化，中职生的学习动机问题越来越受到广泛的关注。

自2013年开始实施教育"9+3"计划以来，贵州省中职在校生规模迅速扩大，几乎能与普通高中教育平分秋色。但从生源质量上看，中职教育的发展依然不容乐观，特别是随着2015年开始的职教培训扶贫"1户1人"三年行动计划的实施，生源质量低下的问题仍将在较长一段时间内困扰中职教育。因此，要在生源质量低下的背景下保证教育"9+3"计划和"1户1人"三年行动计划目标的实现，在资金、管理等条件有保障的同时，要处理的核心问题仍是如何持续激发中职生的学习动机。所以，探明新形势下中职生学习动机的表现与特点、探索激发与培养中职生学习动机的策略等，对改进中职教育的人才培养质量具有重要的现实意义。

针对这一问题，通过以"中职""学习动机"为"篇名"检索关键词，在中国知识资源总库中进行检索，共获得161篇文献，其中优秀硕士研究论文35篇、期刊论文126篇。在研究文献数量的变化方面，自2004年以来总体上呈上升趋势，2011年及以后的文献量每年保持近30篇。这既与对学生学习动机研究量的变化趋势一致，也与我国中职学校发展的步伐基本一致。文献研究主要从研究视角与方法、研究内容两个维度进行。

一、视角多元与方法欠丰并存

从搜集到的文献来看，研究角度逐渐趋于多样化发展势头，既有从学科角度研究学生对特定学科的学习动机特点和激发动机的教学策略等方面的内容，又有从不同理论流派角度探究中职生学习动机方面的特点、原因等领域的知识。但就研究方法而言，其明显存在以下不足：方法单一，多以定性研究、理论探索为主，实证研究尤其是干预实验研究和比较研究的成果极少，大多数研究是通过问卷调查、量表测量获取数据，在数据分析方法上多以相关性分析为主。

（一）研究角度多元化

现有研究成果主要是从调查研究和理论研究两个方面入手的。具体而言，一是依托具体的学科进行学习动机方面的调查研究。研究者通过对德育课、英语课等具体学科或课程的学生学习动机的研究，发现学生对公共课程的学习动机仍以外部动机为主，且比较脆弱，学习效果难以维持，对课程教学的参与度不高。如《中职德育课学生学习动机研究》（张翠香，2012）① 采用问卷的方式对中职生德育学习动机的类型、学习兴趣、学习动机归因及教材、教师素质的影响等内容进行调查分析，认为德育课学习动机以外部的直接动机为主，而学习的认知内驱力和自我提高内驱力较弱，学习兴趣中等偏下，学生参与较少。《激发中职生英语学习动机的研究》（饶凌芝，2012）② 通过对江西太阳能高级职业学校中职学生的调查，发现中职生因英语基础弱而对英语学科的兴趣不浓，对英语学习的工具性动机特点明显，对英语学习的内在学习动机非常弱，学习的自觉性差。

二是依托不同流派的理论对中职生的学习动机进行研究。研究者认为，将不同流派的学习动机理论应用于分析和改进中职生的学习动机时，需要注意其正负方向的影响，既要引导学生进行正确的分析，也要正确运用相关理论激发和培养学生的动机。如《德西效应与职校学生学习动机的激发》（梁惠茵，2013）③ 对如何激发学生将外部动机转化为内部动机进行了分析。作者认为要全面认识外部奖赏对学生发展的影响并避免滥用奖赏，要在实践中合理使用奖赏手段。《运用成败归因理论激发学生学习动机》（肖艳，2008）④ 认为首先要帮助学生形成积极的归因，这对激发学生的学习动机是十分必要的。教师要引导学生正确进行归因以及时消除消极归因，通过积极的归因训练培养学生科学归因的习惯，要善用教师回馈来激发学生的动机。

---

① 张翠香：《中职德育课学生学习动机研究》，山东师范大学学位论文，2012。
② 饶凌芝：《激发中职生英语学习动机的研究》，湖南师范大学学位论文，2012。
③ 梁惠茵：《德西效应与职校学生学习动机的激发》，《职教通讯》，2013（6）。
④ 肖艳：《运用成败归因理论激发学生学习动机》，《湘潭师范学院学报（社会科学版）》，2008（7）。

（二）研究方法欠多样

目前，研究者对中职生学习动机的研究仍多以问卷调查的方式进行，有少部分运用了心理测量、访谈等方法。具体而言，这些研究方法一是使用调查问卷获取相关数据。在调查问卷的使用方面，既有采取用他人研发的调查问卷，也有研究者自编的调查问卷。吴泉（2002）[①]、赵秋丽和李梦卿（2012）[②] 等用自编调查问卷就学生对所学专业的兴趣、学习基础的影响、学校教育教学方法的适应性等问题进行调查。吕毅（2010）[③] 通过采用学者黄希庭和宋专茂等人编制的学习动机内容问卷和学习动机强度问卷对北京市医药器械学校在校学生进行抽样调查，从专业、性别、年级、是否独生子女四个维度分析了学生学习动机的内容、问题程度与问题种类。二是使用心理测量量表获取数据。在量表的使用上，一般以使用他人编制的量表为主。李同吉、徐朔（2009）[④] 采用美国宾特里奇等人编制的MSLQ问卷的动机部分对学习动机进行调研，采用刘永芳等人修订的学生归因风格量表（CASQ）对归因风格进行调研。

二、内容丰富与表现欠佳共处

目前，在研究内容与表现形式方面，主要涉及中职生学习动机的表现、中职生学习动机的影响因素和中职生学习动机的激发与培养三个方面。

（一）整体表现欠佳

文献研究表明，与普通高中学生相比，中等职业学校的学生在学习动机水平上比普通高中学生要高一点，但选择自主性明显低于普通高中的学生，两者在生物性学习动机和社会性学习动机方面的差异表现得不显著。在中职学校内部，无论是国家重点学校还是普通中职学校，中职学生的学习主动性普遍较低，且在学校、性别和年级间存在明显的差异。与普通高

[①] 吴泉：《职高幼师专业学生学习动机的调查》，《中国校医》，2002（10）。

[②] 赵秋丽，李梦卿：《湖北省中职学生学习主动性调查研究》，《湖北工业大学学报》，2012（6）。

[③] 吕毅：《北京某中职学校学生学习动机现状调查》，北京中医药大学学位论文，2010。

[④] 李同吉，徐朔：《中职生学习动机、学习策略自我调节和归因风格特点研究》，《职业技术教育》，2009（1）。

中生相比，中职生学习动机水平较高，但存在缺乏内在动机、动机强度不当、有一定的学习障碍、学习习惯不好、学习热情不高、独立性差等情况。即使是在测量得分较高的能力方面，中职生的表现也处于较低的层次。不仅如此，中职生的学习动机还受家庭经济条件、父母的教养观念和教养方式等因素的影响。

第一，中职生学习动机不明确。林筱玲和戴惠玲（2013）[①] 在其研究中指出，中职生学习动机主要表现为学习动机不明，如学习上不求进步、学习目的不够明确、对部分文化基础课和专业理论课的认识不足；学习兴趣不浓、学习热情不高、学习习惯不好，如课前不预习、课堂上不认真听讲、有问题不请教、缺乏计划性等。除此之外，朱晓红（2014）[②] 通过对我国东南某省关于"中学生学习动机缺失现状"进行的一次大样本调查发现，约有11.6%的学生表现出典型的学习动机缺失症状；在学习动机缺失的学生中，男生的人数约为女生的两倍。除此之外，经济落后地区学生的学习动机缺失的比例明显高于经济发达地区的学生，而且随着年级的升高，学生的学习动机缺失人数有逐渐增多的趋势。

第二，中职生学习能力处于中等水平。杨大伟和鱼江（2013）[③] 用量化的评价标准对中职学生的学习能力进行了较为全面的研究，对中职学生学习能力的全面评测结果表明学生的学习能力尚处于中等水平。研究发现，在所有用来评估的指标中，学生书本知识的学习能力最低，这一劣势尤其表现在自主学习、逻辑思维等方面。与学习能力相比，学生的沟通能力、技能学习能力则表现出较高的水平，但因其沟通能力中组织化的合作能力较差，独立的技能学习能力较弱，所以这种较高水平的状况仍处于低层次。

第三，中职生整体学习动机高于普通高中生。于言坤（2012）[④] 从学习动机水平、学习动机来源、生物性学习动机、社会性学习动机四个方面对中等职业学校和普通高中的学生的学习动机进行了比较研究。研究发现，从整体上来看，中等职业学校学生在学习动机水平上比普通高中学生要高一些，但其选择自主性明显低于普通高中的学生，二者在生物性学习动机和社会性学习动机方面差异不显著。

---

① 林筱玲、戴惠玲：《中职学生学习动力不足的成因分析与对策》，《卫生职业教育》，2013（11）。
② 朱晓红：《学生学习动机缺失的干预与纠正》，《中国德育》，2014（7）。
③ 杨大伟、鱼江：《中职学生学习能力实证研究》，《中国职业技术教育》，2013（36）。
④ 于言坤：《中等职业学校学生学习动机比较研究》，《才智》，2012（5）。

（二）影响因素多元

研究文献表明，家庭教育的不当、前期学习基础薄弱、学习习惯糟糕、学习方法不当、前期的失败经验、归因不当、学校教育教学方法不足等都会影响中职生积极的学习动机的养成。

第一，家庭教育影响学习动机。林筱玲和戴惠玲（2013）认为家庭教育环境不好（如父母教育缺位、问题家庭等），家庭教育方法不当，学校教育滞后，社会不良环境等都会导致中职生的学习积极性明显减弱，进而影响其积极学习动机的养成。

第二，学习基础影响学习动机。赵秋丽和李梦卿（2012）认为，学习基础好的学生一般有好的学习习惯和学习方法，在学习上更加自信，易于克服学习困难并产生持续的学习兴趣，进而使学习动机更积极、更健康。

第三，归因与自我评价影响学习动机。有研究者（如张文杰，2009）[①]指出，一是以前的学习表现或成绩会使学生在某种程度上产生"能够"或"不能够"完成学习活动任务的知觉，这种经历会成为学生学习归因的重要线索，影响学生的学习归因。二是自我成就预期高的学生，更多地将成功归因于能力强和个人努力，将失败归因于自己努力不够。这类学生一般对未来的成功充满信心，并在学习中自强不息，努力进取。而自我成就预期低的学生更倾向于将成功归因于运气好、他人帮助、任务较易等外部因素，而将失败归因于自己能力差等内部因素。这类学生一般对未来的成功不抱多大希望，因而在学习上不愿做尝试性的努力。

（三）激发策略多样

无论从哪个角度分析中职生学习动机的激发与培养，都特别强调明确具体的学习目标、对学生学习情况及时恰当地反馈、引导学生正确归因、合理运用外部动机的激发等策略。

第一，树立明确的目标以激发学习动机。耿娟（2013）指出，培养学生的学习兴趣，就是要帮助学生确立明确的学习目标，不仅要将学习目标具体化，而且目标的难度还应与学生的能力相适应。这不但能激励学生的学习动机，而且能调动学生的学习积极性。除此之外，教师的教学方式要

---

① 张文杰：《引导学生正确归因，激发中职校学生的学习动机》，《中国校外教育》，2009（S4）。

灵活，教学内容要及时补充、不断更新。另外，教师还要及时准确地对学生的学习成果进行适当的信息反馈，随时让学生了解自己距离目标有多远，且从各个环节发现、认可学生的可取之处，并给予恰当的表扬和鼓励。①

第二，通过学习目的教育来激发学生的学习动机。傅茂生（1994）从家庭教育角度出发研究了学生学习动机的激发策略，并给家长提出了一些促进建议。一是要通过学习目的教育来激发学生形成长远的间接兴趣和远景性的学习动机，并产生正确的学习态度，最终提高学习的热情与自觉性。二是利用与学习本身无关的活动的迁移，使学生产生学习的需要。三是创造各种可能的条件，引起和满足学生对学习的需要。四是加强课外阅读指导，带领或支持学生接触自然、接触社会，参加各种课外活动。②

第三，正确激发外在动机来增强内在动机。朱晓红（2014）详细分析了外在动机对内在动机的影响，指出外在动机对内在动机的影响并非都是削弱作用，在外部奖赏所传达的信息是"你胜任这项工作"而不是让被奖赏者感觉受到控制等情况下，外在动机可以起到增强内在动机的作用。当某些学习或工作任务单调乏味、缺乏挑战性时，适当的外部奖赏可以增加人们对学习或工作的关注和兴趣。外部奖赏的目的是为了提高或激发内在动机，而不是为了控制激发对象的行为。所以，外部奖赏应以口头表扬为主，而不是以物质奖励为主。口头表扬的内容应集中于他是否喜欢学习、是否胜任学习等内在信息方面。

三、现有不足与未来趋势探析

从大量文献来看，为了对中职生的学习动机有一个全面深入的认识，研究者做了大量的努力。这些努力虽然获得了不少共识，但也存在诸多不足，进而限制了研究工作纵深发展及其对实践工作的推动作用。为了有效促进该项研究工作的进一步开展，需要加强研究者之间的合作，干预研究进程，促进理论研究工作的提升，进而为改进中职生的学习动机提供参考依据。

（一）现有不足

现有研究工作的不足主要表现为研究方法单一、研究工具匮乏、研究

---

① 耿娟：《浅析中职学生学习动机的激发与培养》，《职业》，2013（7）。
② 傅茂生：《试论家教对学生学习动机的影响》，《山东教育科研》，1994（6）。

样本代表性弱、研究层次分布范畴窄、缺乏分层分类研究等几个方面。

(1) 研究方法单一、工具普适性差，研究结论的可迁移性较弱。

研究发现，在已有的研究成果中，采用的研究方法呈现出明显的单一化。具体来说，现有的研究文献中绝大多数是采用问卷调查法和文献法，极少数文献同时采用了个案访谈法、量表测量法、观察法或对比法等研究方法，这在对中职生学习动机特征与影响因素的研究中表现得尤为突出。如高亚华（2005）采用了问卷调查和个案访谈法，对110名学生做了问卷调查，对某中职学校商务英语、广告艺术设计、计算机网络三个专业共3个典型学生做了个案专题访谈；韦士源（2011）通过实地观察和问卷调查，对南海第一职业技术学校部分班级晚自修情况、课堂情况，以及320名学生的听课、作业、复习及努力情况进行了调查。

不仅如此，已有的研究成果采用的调查问卷也缺乏普适性。采用的调查问卷绝大多数是作者的自编问卷，尽管作者在编制调查问卷时会以大量的研究文献作为参考，但因不同研究者对学习动机的基本理论和实证问题缺乏统一认识，编制人数很少（多为1人），编制的调查问卷特殊性突出但普适性缺乏，最终致使不同时期对不同范围对象的研究结果缺乏可比性，进而影响了研究结果的可信度和科学性。

(2) 研究力量单薄，样本数量规模小，研究结果的科学性不强。

各类研究成果在形成的过程中固然参考了大量前人的研究成果，但从作者数量来看，绝大多数研究成果尤其是论文的作者仅有1人，研究力量过于单薄，不利于开展全面深入持续的研究。从可查的文献特别是论文来看，多数作者选取的研究对象往往是一所或几所中职学校的部分学生，研究样本量小，层次不全面。如蒙俊健（2012）、吕毅（2010）、高亚华（2005）、李兰英（2007）都只是对某一所中职学校学生进行了研究。而像于洪姣等人（2010）选取河南省三个市的12所中职学校学生作为研究对象、徐宇琴（2009）选取650名来自城市和乡村的中等职业学校学生进行研究的成果还很少。

(3) 缺乏深度和分层分类研究，研究成果对实践的指导不力。

已有的研究文献涉及中职生学习动机的现状、特征、表现、成因、培养、激发策略等内容，研究的范围广泛，但仍以现状、特征与表现、成因研究居多，对培养与激发策略的研究数量虽不少，但多停留在泛泛而谈的层面，对实践工作的指导价值难以体现。

现有的文献对中职生学习动机的各类表现与成因均有详细的表述，但相关研究成果的互通性差，甚至存在矛盾之处。不仅如此，研究成果还因缺乏分层分类研究，对主要表现及主要影响因素分析得不够透彻，结果使采取的激发与培养策略也只能停留在"纸上谈兵"阶段，对实践的指导价值十分有限。

（二）研究展望

对中职生的学习动机开展研究的目的是为了激发和培养中职生形成正面的学习动机，但现有的研究还难以有效促进这一目标的实现，故研究者和管理者还需从以下几方面做出不懈努力。

一是研究者需要长期以合作的方式开展研究，以克服研究方法单一、研究工具缺乏普适性、研究样本小、分层分类研究困难等弊端。因此，管理部门要发挥统筹协调作用，促进各研究者长期开展合作，并不时调整对研究人员的评价激励机制，以推动研究者由被动合作研究向自愿主动合作研究转变。

二是要编制相对统一且自成体系的研究工具，用以对中职生进行分类分层研究，并以此来拿准中职生学习动机不足及表现欠佳的脉，最终提出具体、可操作性和可迁移性的改进策略或办法。

三是需要在不同层次、不同类型的学生中加强实证研究，并在实践中完善培养和激发中职学生学习动机的策略与办法，进而为提升相关理论研究水平提供现实依据，并在实证研究中逐渐完善学习动机的激发与培养策略。

第三部分 审视与反思：中职生学习动机调查分析

为了推进义务教育均衡发展，大力发展现代职业教育，贵州省于 2013 年初正式启动实施教育"9+3"计划，即巩固提高九年义务教育水平和实行三年免费中等职业教育。在教育"9+3"政策的推动下，中等职业教育呈现出良好的发展态势，中职学生在校人数剧增。但如何让他们高质量地完成学业，便成为教育"9+3"计划能否进一步取得成效的关键。在此背景下，探讨与中职生学业质量密切相关的学习动机问题显得尤为重要。学习动机是指直接推动学生学习的一种内部动力，是社会和教育对学生学习的客观要求在其头脑中的反映。[①] 有关研究表明，学习动机和学习策略可对学习成绩有直接的影响，通过改善学习策略可以激发学习动机，促进学习进步。[②] 因此，对教育"9+3"计划背景下中职生的学习动机状况进行调查分析，既可以了解教育"9+3"计划中中职生的学习心理，提高他们的学习动力和学习质量，又可以为教育"9+3"计划的实施提供理论参考依据。

一、研究对象与方法

（一）研究对象

采用分层随机取样法对贵州省内 6 所学校的教育"9+3"计划中职生（以下简称"中职计划生"）进行问卷调查，共发放问卷 1 000 份，回收有效问卷 903 份，有效率为 90.3%；调查对象中一年级为 498 人（占 55.1%），二年级为 405 人（占 44.9%）；男生有 320 人（占 35.4%），女生有 583 人（占 64.6%）；农村生源有 704 人（占 78.0%），城镇生源有

---

① 潘菽：《教育心理学》，人民教育出版社 1980 年版，第 75 页。
② 李凤杰、刘文：《大学生学习策略、学习动机与学业成绩的关系》，《教育探究》，2008（4）：54-57。

199 人（占 22.0%）。

（二）研究工具

采用刘志军、白学军和李炳煌编制的《中学生学习动机问卷》[①]，对个别问题进行了调整，使之更符合中职计划生的实际情况。该问卷包括学业自我效能、掌握目标取向、表现目标取向、学习兴趣和考试焦虑五个维度，采用 Licket 五点评分法，从"非常不符合"到"非常符合"依次记 1~5 分。被试得分越高，表明其学习动机越强。该问卷的内在一致性信度系数和重测信度系数达到 0.7，学习动机的结构拟合良好，因素载荷在 0.4~0.9，效标效度基本符合测量学的要求。

（三）施测过程

以班级为单位对团体施测，统一发放问卷，采用标准化指导语指导被试填写问卷，并当场回收。

（四）数据处理

利用 SPSS17.0 数据分析软件进行数据统计分析。

二、统计结果

（一）中职计划生学习动机的总体状况

表 3-1 中职计划生学习动机的总体状况

维　度	中职计划生（n=903）		
	平均数	标准差	项目数
学业自我效能感	3.34	0.60	6
掌握目标取向	3.67	0.70	6
表现目标取向	3.41	0.83	4
考试焦虑	3.37	0.80	6
学习兴趣	2.91	0.54	7
学习动机总分	3.34	0.46	29

---

① 刘志军、白学军、李炳煌：《中学生学习动机问卷的初步编制》，《基础教育》，2010（6）：56-61。

由表 3-1 可知，中职计划生的总体学习动机水平为 3.34，略高于中点值 3。从各维度得分看，掌握目标取向（3.67）水平最高，其次为表现目标取向水平（3.41），考试焦虑（3.37）和学业自我效能感（3.34）紧跟其后。学习兴趣（2.91）水平最低，处于中点值以下。

（二）中职计划生学习动机的性别差异

表 3-2 中职计划生学习动机的性别差异

维 度	男（n=320） M±SD	女（n=583） M±SD	t
学业自我效能感	3.40±0.61	3.31±0.59	2.098*
掌握目标取向	3.64±0.72	3.68±0.69	-0.835
表现目标取向	3.33±0.86	3.46±0.81	-2.122*
考试焦虑	3.31±0.81	3.41±0.79	-1.739
学习兴趣	3.04±0.57	2.84±0.52	5.144**
学习动机总分	3.34±0.50	3.34±0.44	0.142

注：*表示显著差异（*$P<0.05$，**$p<0.01$），以下同。

由表 3-2 可知，中职计划生在学业自我效能感、表现目标取向和学习兴趣三个维度得分上，性别间存在显著性差异。其中，学业自我效能感和学习兴趣平均得分男生高于女生，表现目标取向平均得分女生高于男生；而在掌握目标取向、考试焦虑两个维度以及总体学习动机上，平均得分不存在显著性别差异。

（三）中职计划生学习动机的年级差异

表 3-3 中职计划生学习动机的年级差异

维 度	一年级（n=498） M±SD	二年级（n=405） M±SD	t
学业自我效能感	3.34±0.57	3.34±0.64	0.207
掌握目标取向	3.70±0.65	3.63±0.77	1.573
表现目标取向	3.40±0.80	3.43±0.87	-0.396
考试焦虑	3.36±0.81	3.38±0.79	-0.364
学习兴趣	2.92±0.54	2.90±0.55	0.446
学习动机总分	3.35±0.44	3.33±0.49	0.366

由表3-3可知，中职计划生学习动机水平在学业自我效能感、掌握目标取向、表现目标取向、考试焦虑和学习兴趣五个维度以及总体学习动机得分上，年级间均无显著性差异，一年级学生的总体动机得分略高于二年级学生。

（四）中职计划生学习动机的生源差异

表3-4　中职计划生学习动机的生源差异

维度	农村（n=704）M±SD	城镇（n=199）M±SD	t
学业自我效能感	3.36±0.57	3.27±0.69	1.621
掌握目标取向	3.72±0.64	3.49±0.87	3.399**
表现目标取向	3.41±0.81	3.44±0.91	-0.422
考试焦虑	3.43±0.76	3.18±0.85	3.834**
学习兴趣	2.90±0.51	2.97±0.66	-1.433
学习动机总分	3.36±0.43	3.27±0.56	2.103*

由表3-4可知，中职计划生学习动机水平在掌握目标取向和考试焦虑两个维度得分以及总体学习动机得分上，生源之间存在显著性差异。农村生源学生在掌握目标取向、考试焦虑和总体学习动机上的得分高于城镇生源学生。而在学业自我效能感、表现目标取向和学习兴趣三个维度得分上，农村生源学生与城镇生源学生不存在显著性差异。

（五）中职计划生学习动机的子女类型差异

表3-5　中职计划生学习动机的子女类型差异

维度	独生子女（n=130）M±SD	非独生子女（n=764）M±SD	t
学业自我效能感	3.38±0.60	3.33±0.60	0.830
掌握目标取向	3.55±0.64	3.69±0.71	-2.046*
表现目标取向	3.41±0.88	3.41±0.83	-0.034
考试焦虑	3.21±0.81	3.40±0.79	-2.544**
学习兴趣	3.00±0.61	2.89±0.53	1.951
学习动机总分	3.31±0.51	3.34±0.45	-0.789

由表 3-5 可知，中职计划生学习动机在掌握目标取向和考试焦虑两个维度得分上，子女类型间存在显著性差异，掌握目标取向和考试焦虑平均得分非独生子女高于独生子女；而在学业自我效能感、表现目标取向和学习兴趣三个维度以及总体学习动机的平均得分上，独生子女与非独生子女均无显著性差异。

三、分析与讨论

（一）中职计划生学习动机的总体状况

研究结果表明，中职计划生的总体学习动机处于中等水平，各维度水平从高到低依次为掌握目标取向、表现目标取向、考试焦虑、学业自我效能感和学习兴趣，并且学习兴趣处于中等水平以下。这与邹国祥对普通中职生的调查结果基本一致。邹国祥对北京市民族文化艺术职业学校的 490 名新生进行的学习动机调查显示，中职生的主流面貌是好的，但也存在学习目的不明确、学习兴趣不浓等学习动机不足问题。[①] 中职计划生初中毕业后进入中等职业学校学习，面临和中学基础学习不同的专业学习，他们是有希望和憧憬的，愿意把专业学好，希望掌握一些实在的技能，并通过努力，赢得老师和家长的认可。这是他们掌握目标取向和表现目标取向水平相对较高的原因。但是，绝大多数中职计划生学习基础较差，学习习惯不好，在学习中很难有成功体验，在初中往往被视为后进生，以致他们存在明显的学习信心不足、学习兴趣不浓等学习动力问题。这提示我们，激发中职计划生的学习动机重点要从培养学习兴趣、指导学习方法、树立学习自信等方面入手。

（二）中职计划生学习动机的性别差异

研究发现，男生学业自我效能感和学习兴趣水平显著高于女生，女生表现目标取向水平显著高于男生，而男女生之间的总体学习动机以及掌握目标取向和考试焦虑水平并无明显差异。池丽萍、辛自强对大学生学习动机的调查也发现了类似结果，即男生在挑战性上的得分显著高于女生，而女生在依赖他人评价上的得分显著高于男生。[②] 这可能与社会文化对男女

---

① 邹国祥：《中职计划生学习动机调查》，《教育与职业》，2011（10）：54-55。
② 池丽萍、辛自强：《大学生学习动机的测量及其与自我效能感的关系》，《心理发展与教育》，2006（2）：64-70。

性别角色的要求不同有关。受"男主外,女主内"等传统文化思想的影响,社会对男生事业成功的期望相对较高,对中职计划生而言,学业的成功是事业成功的重要保障,所以男生为了满足这种社会期望,往往更加关注学业,表现出比女生更强的学习兴趣和学业自我效能感;而女生在追求成功时往往被认为处于劣势地位,需要更多的支持与保护,所以女生更倾向于关注外界对自己表现的评价,以争取更多的社会赞许和支持。

(三) 中职计划生学习动机的年级差异

调查结果显示,中职计划生在总体学习动机水平以及学习动机的各个维度水平上,年级间均不存在显著性差异。这与刘淳松等人对大学生学习动机的调查研究结果并不一致。刘淳松等人采用黄希庭等编制的大学生学习动机问卷对720名大学生的调查显示,一年级学生的求知进取动机水平显著低于二、三年级学生,个人成就动机水平显著低于三年级学生,小群体取向动机水平显著高于三年级学生水平。[①] 研究结果之所以存在差异,这可能是因为中职计划生与大学生属于两个不同的学生群体,处于不同的年龄阶段,具有显著不同的心理特点。中职计划生在一年级时虽然具有中等程度的学习动机,但由于其学习基础较差,学习习惯不良,在学业上必然会遇到很多困难和挫折,很少会有成功体验。只是中职计划生在初中时已经习惯了这种学业上的挫败,所以到二年级时,他们的学习动机水平既没有明显地提高,也没有明显地下降。另外,由于中职计划生是从2013年才开始招生的,还没有三年级的学生样本,本研究仅仅根据一、二年级的中职计划生调查结果得出学习动机水平没有年级差异,结论尚不充分,还需进一步深入研究。

(四) 中职计划生学习动机的生源差异

研究发现,农村生源中职计划生总体学习动机水平以及掌握目标取向、考试焦虑两个维度水平显著高于城镇生源学生,而在学业自我效能感、表现目标取向和学习兴趣三个维度水平上无显著差异。这和刘健对大学生学习动机的调查结论基本一致。刘健对广东三省四所高校的1 180名大学生的调查结果显示:农村生源的大学生更加强调学习本身的动机,更加强调

---

① 刘淳松、张益民、张红:《大学生学习动机的性别、年级及学科差异》,《中国临床康复》,2005 (20): 96-98。

外在的社会动机,强调学习的快乐,为了报效祖国,为学校、系、班级和家乡做贡献,报答教师和亲人。相对而言,城市生源的大学生则比较强调个人实用的学习动机。① 这主要是因为农村生源中职计划生的经济条件相对城市生源学生较差,更加珍惜来之不易的学习机会,更想学好专业知识,以回报亲人,从而表现出更强的学习动机。

（五）中职计划生学习动机的子女类型差异

研究结果表明,非独生子女类型中职计划生的掌握目标取向和考试焦虑两个维度水平显著高于独生子女类型学生,而在其他维度和总体学习动机水平上则无显著差异。这是因为非独生子女类型与独生子女类型的中职计划生相比较,比较突出的性格特点就是独立性强,不像独生子女那么依赖父母。独生子女学习更多地是为了获得别人的赞许,而非独生子女类型中职计划生学习的目的是为了获得更多的知识和技能,从学习中获得乐趣,从而表现出更强的掌握目标取向。

四、研究结论

经过统计分析,研究得出如下结论:

（1）中职计划生的总体学习动机处于中等水平,各维度水平从高到低依次为掌握目标取向、表现目标取向、考试焦虑、学业自我效能感和学习兴趣,且学习兴趣处于中等水平以下。

（2）中职计划男生学业自我效能感和学习兴趣水平显著高于女生,中职计划女生表现目标取向水平显著高于男生,男女生之间的学习动机总体水平以及掌握目标取向、考试焦虑水平无明显差异。

（3）中职计划生在总体学习动机以及学习动机的各个维度水平上,年级间均不存在显著性差异。

（4）农村生源中职计划生总体学习动机水平以及掌握目标取向、考试焦虑两个维度水平显著高于城镇生源中职计划生,而在学业自我效能感、表现目标取向和学习兴趣三个维度水平上不同生源学生无显著差异。

（5）非独生子女类型中职计划生的掌握目标取向和考试焦虑两个维度水平显著高于独生子女类型中职计划生,而在其他维度和总体学习动机水

---

① 刘健:《地方高校大学生学习动机现状与对策》,《高教探索》,2007（3）:120-123。

平上则无显著差异。

  以上结论较为全面地诠释了中职计划生学习动机的基本特性，尤其是中职计划生学习动机水平的性别、年级、生源和子女类型等人口变量学差异特征，为提升中职计划生的学习动力以及学业质量指明了目标和方向，进而为贵州省教育"9+3"计划的顺利实施提供了科学依据，也为教育"9+3"计划在全国职业教育领域的顺利推广提供了思路和借鉴。

第四部分 内涵与本质：中职生学习动机之内涵、制因与环境

为了贯彻落实党的十八大精神，针对贵州省教育发展的实际情况，省委、省政府做出了实施"9+3"义务教育及三年免费中等职业教育计划的重大决策部署，并于2013年1月14日正式出台了《关于实施教育"9+3"计划的意见》。启动实施"9+3"计划，大力发展中等职业教育，对繁荣经济、增加就业、消除贫困具有重要的促进作用，是提高人口素质、培养技能型人才、将人口压力转化为人力资源优势的有效途径。"中职生的学习问题是当前我国职业教育中十分值得关注的问题。……但从中职生学习心理特点的角度来说，需要探讨的问题有两个：一是学生愿不愿意学习，二是会不会学习，前者是学习动机问题，后者是学习策略问题。"[①] 可见，作为一种影响学生学习的内源性因素，学习动机对于学生的学习有极其重要的作用。学习动机的强弱和类型直接关系到学生的学习态度和学习效果。有学习动机的学生对学习饱含热情，积极投入学习；而没有学习动机的学生对学习则毫不在乎，甚至还会有厌恶情绪。这就说明，学习动机是非常重要的。那么，究竟什么是学习动机呢？它受哪些因素的影响呢？教育"9+3"计划背景下究竟该如何激发中职学生的学习动机呢？

一、学习动机之内涵解析

（一）动 机

动机是什么？动机是由某种需要引起的直接推动个体活动、维持已引起的活动并使该活动朝向某一目标的内在过程或内部心理状态。作为一种典型的非智力因素，动机对于促进人们的认识活动具有很重要的作用。从

---

① 李同吉、徐朔：《中职生学习动机、学习策略自我调节和归因风格特点研究》，《职业技术教育》，2009（1）：68-71。

动机自身构成来看，它主要由内部动机和外部动机两部分组成。内部动机源于认知的需要，是人们求知欲的表现，是由内在需要引起的。它是动机中最稳定和最重要的组成部分，源于好奇心，是探究、操作、理解等心理倾向的外在呈现。外部动机是由外部诱因引起的，反映了凭自己的才能和成就获得相应的社会地位或他人评价的愿望和要求，其派生于尊重和自我提高的需要。[1]

（二）学习动机

学习动机是什么？简而言之，学习动机就是人们在学习时产生的一种动机。这种动机因为学习而产生，为了学习而维持，并希望达到一定的学习目标。也就是说，学习动机就是激发和维持个体的学习活动，并使学习行为朝向一定目标的一种内在过程或内部心理状态，是直接推动学生学习的动力。[2] 当学生具有较为强烈的学习动机时，他们就能够积极主动地投入学习之中，从而使得学习效果获得提升，教育教学质量也会因此而得到显著提高；当学生没有学习动机或学习动机很低时，他们就会逃避学习，甚至厌恶学习，学习效果不佳，教育教学质量也会因此而下降。教育"9+3"计划背景下的中职学生也是如此。

二、中职生学习动机之制因分析

学习动机分为内部学习动机和外部学习动机；同理，学习动机的影响因素亦可从内外两部分来划分，即内部影响因素和外部影响因素。内部学习动机作为学习动机的主核，其影响因素对学习动机起着决定性的作用。在一定程度上，内部影响因素决定了学习动机的强弱和类型，是学习动机不可或缺的影响因子。学习动机的内部影响因素主要和人自身内部情况相关，包含如认知能力、自我效能感、自尊等内容。外部影响因素对学习动机的影响虽然不具有决定性作用，但同样是促使学习动机形成的重要影响因子。一般情况下，它主要是通过外部环境的实况来影响学习动机的形成。学习动机的外部影响因素主要和人所处的外部环境有关，如家庭、学校、社会等。

---

[1] 吕波：《按照学习动机发展规律培养中职学生学习动机的实践与探讨》，《陕西教育》，2008（8）：31-38。

[2] 刘志芬：《高职学生学习动机现状研究》，《开封教育学院学报》，2012（12）：63-65。

(一) 内部制因：中职学生学习动机形成之主因

前文已经提到，影响学习动机强弱的内部影响因素主要包括认知能力、自我效能感和自尊等。其中，认知能力主要通过对自身的认知及对学习动机重要性的认知两个方面来体现，它侧重于思想层面的影响；自我效能感主要通过对学生学习动机激发等方面来表现，它侧重于行动层面的影响；而自尊则主要通过对学生精神状态等方面来呈现，它侧重于自信心层面的影响。

1. 认知能力

认知能力是指人们在思想上对事物的构成、其与他物的关系，以及对事物发展动力、发展方向及发展规律的整体把握能力。认知能力对一个人的发展有着极为重要的作用：人们只有对自己的认知能力有清晰的认知，对自己所要从事的事情有一个明确的规划，才能使自身的潜能得到充分发挥，从而取得更大的成功。

(1) 对自身的认知。

作为一个学生，学习是其首要之事。在学习中，只有对自身有较为清晰的认识，才能取得自己较为满意的结果。这关涉学生在学习中对学习目标设定的问题：目标设定过高，超出自身能力范围，往往就不能达成最终目标，会让自己的自信心受到打击；目标设定过低，则完成时没有任何的挑战性，往往就不能充分挖掘出自身的潜能。因此，在学习过程中，需要先衡量自己的能力，再根据自身的能力设定具体合适的目标，让自己充满自信，不断提升能力。另外，对于学生而言，学习是其本职，是他们应做之事，也是他们的责任。因此，通过培养其责任感促使其提高他们对自身的认知水平。总之，只有对自身有充分的认知，从自身出发，才能使自己在学习中不会产生厌恶和抵触等消极学习情绪。

(2) 强化对学习动机重要性的认知。

Harter 等人的研究表明，个体的能力知觉与学习动机之间存在因果关系，能力知觉强会激发个体的动机水平，而能力知觉差则会降低个体的动机水平，并直接影响成绩状况。[①] 对于教育"9+3"计划背景下的中职学生而言，由于他们自身成长中还存在一些缺陷，他们的认知能力从某些方

---

① HarterS, Connell J. "A Model of Children's Achievement and Related Self-Perception of Competence, Control, and Motivation". Advances in Motivation and Achievemen. JAI Press Inc, 1984.

面来看，要略弱一些。因而他们在自我认知方面有所不足，从而影响他们对学习动机重要性的认知。能力知觉的强弱直接影响到学生对学习动机的认识，因此，提高中职学生对自身能力知觉的感知，不断强化中职学生对学习动机在学习中重要性的认知，可以促使其产生更为强烈的学习动机。

2. 自我效能感

自我效能感理论由美国学者班杜拉（Albert Bandura）提出，指的是对自我是否有能力完成某一行为而进行的推测与判断。它对于学生学习动机的养成有很大的影响。在自我效能感理论的作用下，学生面对不同学习情况时可以预先设定不同的期望值，并在期望值的推动下努力完成既定目标，进而使自身的学习动机不断增强。

自我效能感对学习动机有着直接的影响和制约作用，是重要的影响要素之一。池丽萍、辛自强（2006）在对大学生学习动机与自我效能感关系的研究中发现，效能感高的个体对自己的能力和从事活动的结果充满自信，他们敢于迎接挑战并兴趣盎然，活动动机表现出较强的内生性，不会受到外部因素的影响（如他人的评价、外在的回报等）。[1] 一般情况下，自我效能感高的学生，比较倾向于选择难度大、具有挑战性的学习任务。为自己设置较高的学习目标，不断通过自身的努力来完成，以此来证明自身的价值，从而呈现出较强的内在动机；相反，自我效能感较低的学生，则比较倾向于选择一些较为简单的学习任务。实际上，自我效能感与学习动机之间的作用并不是单向的，而是相互发生作用的。学习动机强，同样可以提高个体的自我效能感；而学习动机弱，则可能会降低个体的自我效能感。[2] 自我效能感在更大程度上是通过内在的方式对学习动机进行影响的，因此，其对学习动机的影响和作用也就显得更加深远了。

对于教育"9+3"计划背景下的中职学生而言，长期成绩不佳给他们造成的心理压力会极大地影响到他们对自身能力的评判和估量，这也是阻碍他们产生旺盛学习动机的重要因素。除此之外，外界对于他们的评价也会对中职学生的自我评判产生较大影响，从而影响他们学习动机的产生和发展。其实，作为一种对自身能力的推测与判断，自我效能感更多的是由

---

[1] 池丽萍、辛自强：《大学生学习动机的测量及其与自我效能感的关系》，《心理发展与教育》，2006（2）：64－70。

[2] Cristine L, Chandler, Connell. Children's Intrinsic and Extrinsic Motivation: A Develop－Mental Study of Children's Reasons for Like and Dislike Behavio. British Journal of Developmental Psychology, 1987. (5): 357－365.

性格和处事态度等因素决定的。因此,在一定程度上,教育"9+3"计划背景下学生的自我效能感与其他学生并没有本质上的不同,不存在显著差别,关键还是因人而异。所以,对中职学生而言,要学会调整好自己的心态,定位好自身的目标,这样便可激发强烈的学习动机,进而获取应有的成功体验。

3. 自尊

Coopersmith 认为,自尊是指个体对自己所持有的一种肯定或否定的态度,这种态度表明个体相信自己是有能力的、重要的、成功的和有价值的。[①] 自尊会影响人的精神状态:一个自尊心强的人,会积极地将自己的事情处理好;一个自尊心弱的人则对事冷漠,在浑浑噩噩中消磨时光。

对于学习动机,自尊同样有非常大的影响:自尊心强的学生会更加关注和重视自己的学习情况,并因此激发更加强烈的学习动机;自尊心弱的学生对于自己的学习情况重视度较低,认为学业的好坏无关紧要,因此不会产生较强的学习动机。自尊心越强的学生对自己越肯定,由此可以促使自己产生更强的学习动机,使自己的学业表现更出色,从而不断彰显自身的存在价值;反之,则有可能陷入一种学业表现不佳的恶性循环。故此,很有必要通过帮助学生增强自身的自尊心,激发学习动机,进而使其提高学习成绩。

教育"9+3"计划背景下的中职学生或来自边远地区,或来自贫困家庭。对于未知的外部世界和自身家庭经济状况不佳的过分担忧,使得他们的自尊心变得比其他人更为脆弱。他们进入一个相对优越的环境后,其脆弱的自尊心很容易产生两极分化的态势:一种是自尊心变得很强,憋着劲想要证明自己;另一种是变得自卑,觉得处处不如别人,从而得过且过,成为一个混日子的人。处于前一种情况的学生,会产生很强的学习动机,而处于后一种情况的学生则会丧失学习动力,进而对学习完全失去信心。

(二) 外部制因:中职学生学习动机形成之辅因

对于中职学生学习动机的形成而言,外部影响因素更多地起辅助作用,而不是决定作用,它主要包括家庭、学校和社会三个方面。其中,家庭是关键辅因,学校是主要辅因,社会是重要辅因。

[①] Coopersmith S. *The Antecedents of Self-esteem*. San Francisco W. H. Freeman, 1967: 4-5.

1. 家 庭

家庭是学生学习动机的重要影响因素，绝不可忽视。在实际生活中，多数家长都会将学生成绩不好的原因归于孩子的天赋或学校、老师的教育水平，而很少考虑学生学习动机等问题。即便有些家长知道学习动机的重要性，也不知道该如何调动孩子的学习动机。这大致可归结为以下几点原因：一是父母由于自身的文化水平较低，无法给予孩子恰当的指导，甚至自身都不能认识到这一问题的重要性；二是父母的教养方式不恰当，造成学生与他人在心理上相抵触，从而影响自己的学习动机；三是家庭生活困难，无法保证学生购买必需的学习用品，从而影响学生学习动机的养成。

一般而言，教育"9+3"计划背景下中职学生的家庭要比普通中学学生的家庭更加艰苦些，面对的问题也更多一些。这首先是因为这些学生父母的文化水平、程度不同。相对而言，普通学生父母的文化水平要比中职学校学生父母的文化水平要高，这也就决定了他们对知识重要性的认识程度相对要高一些。对学习动机的关注度也自然要高一些，因此，他们在指导学生养成良好学习动机的投入度方面也就要强一些。其次是家庭经济水平。教育"9+3"计划背景下的学生主要来自偏远山区和经济不太富裕的家庭，普遍偏低的家庭经济水平直接影响到学生对学习、衣服等用品的需求，进而影响到学生的学习动机的养成。

2. 学 校

学校是学生学习的主要场所，在很多方面会对学生的学习动机产生影响。这些影响主要来自两个场所的作用：一是学校层面的大环境，二是班级层面的小环境。

学校层面的大环境，主要包括学校的生态环境、学风建设和学校管理等方面。

（1）学校良好的生态环境可以保障学生在学习时拥有愉悦心情，对学生学习动机的增强起潜在的引导作用。

（2）良好的学风建设可以为学生的学习创造较佳的学习氛围，对学生的学习动机的增强起到直接的促进作用。

（3）有效的学校管理能使学生的学习和生活更加规范和有序，对学生的学习动机起到积极强化和有效巩固的作用。

如果学校环境很差，如教学设施破烂不堪、学风不好、学校管理混乱，势必会让学生的学习动力减弱，影响学生学习的积极性和最终的学习效果。

因此，从学校层面来讲，为学生营造一个良好的、有序的外部环境，是促进学生的学习动机增强的必要举措。

班级层面的小环境主要包括教师的组织管理能力、班级的学风建设、同学间的互处态度等方面的内容。

（1）组织管理能力强的教师可以通过积极向上的方式引导学生养成良好的学习动机。

（2）在良好班级学风的促进下，同学间可以通过互助和良性竞争的方式不断激发彼此的学习动机，实现共同提高。

（3）同学间友好相处，可以令学生时刻保持轻松惬意的心境，为学生保持持续而长久的学习动机提供精神上的保障。

如果教师的组织管理能力较弱、班级学风不良、同学间的相处不甚友善，则势必会给学生的学习动机的形成带来负面的影响。因此，从班级层面来讲，为学生创建一个良好的班级环境，对增强学生的学习动机是非常有利的。

作为政府主推的一项教育民生工程，政府对实施教育"9+3"计划的学校提供了大量的资金支持和政策保障，因而，这些学校在硬件设施方面基本上是没有什么问题的。其不足之处则主要表现在软件建设方面，如学风建设、学校管理、班级建设及管理等。由于政府主导，教育"9+3"计划更多考虑的是教育公平等问题。实施教育"9+3"计划的学校一般都吸收了大量的少数民族学生，他们在文俗礼教、生活习性方面具有自己的特点。如何才能让具有不同民族文化背景的学生在共同的校园中和谐友好地相处，并相互激发彼此的学习热情，这对学校的管理人员和教师来说是一个很大的挑战。

3. 社　会

教育的每一个变化都不只是由某一方面的作用引起的，其中，社会因素也会发挥重要的作用。作为影响学生学习动机的重要外部因素之一，社会因素虽然没有家庭因素和学校因素那样有明显与直接的作用，但各种社会因素对学生的学习动机依然会产生极大的影响。

当今社会，不少人产生了"读书无用论"等思想，这不但会严重影响学生的学习热情，而且会影响学生学习动机的养成。另外，高校的扩招和市场经济中的竞争机制等使得学生的就业压力不断增大，迫使学生一味追求学习的实用性，忽视了对基础知识的学习，这在一定程度上也影响了学生学习动机的形成。随着终身学习理念的普及，人们认识到社会是一个

"大学校",在这里,活到老,学到老。因此,终身学习动机的形成也就势在必行了。然而,要想具备终身学习动机,还需要社会为学生创造一定的条件,让学生在学校时便养成良好的学习习惯,形成持久旺盛的学习动机。

由于地方政府和社会的帮助、扶持,教育"9+3"计划背景下中职学生的就业压力相对较小,只要有足够优秀的学业表现,便可以获得一份不错的工作。因此,在这种诱因下,就业压力基本不会成为打击他们学习积极性的因素,反而会激发他们的学习热情,让他们产生更强烈的学习动机。但是,对于那些与社会接触较少,价值观尚未稳固成形的中职学生而言,在太多的诱惑面前,他们难以辨别方向。若不能给予正确而恰当的引导,那些不良的社会风气则会影响他们的思想,影响他们学习动机的强度和持久性。

三、中职生学习动机增强的有效环境

学习动机对于学生的影响是巨大的,只有具备强烈的学习动机,学生才能对学习产生强烈的欲望,从而取得学业的成功,进而为将来的发展奠定坚实的基础。那么,面对诸多的内外影响因素,如何才能有针对性地增强"9+3"计划背景下中职学生的学习动机呢?

(一) 纯化学习动机形成的内部情境

学习动机的纯化,要求从学校内部的情景开始,通过提升认知能力、增强自我效能感和自尊等途径,不断培育学生的学习动机。

1. 逐渐提升认知能力

教育"9+3"计划背景下的中职学生从小接触的环境和受到的教育是有限的,这在一定程度上限制了他们的认知能力。这种限制作用突出表现在两个方面:一是对自身的认知不足,二是对学习动机的重要性认知不够。要增强他们的学习动机,必须要有针对性地增强他们对自身能力和学习动机重要性的认知。引导他们接触与了解各种新生事物,积极与老师、同学互动交流,扩大知识面,并在此基础上逐步引导他们认识自身,进而帮助他们正确理解学习动机的重要性,最终养成良好的学习兴趣,逐渐激发学习动机。

2. 不断增强自我效能感

要提升自我效能感,关键要使学生充分相信自身所具备的能力。只有

对自己充分肯定和信任,才能激励自己达成目标。所谓激励,指的是通过某些精神或物质的刺激,激发人的工作动机,使人朝着希望的目标和方向前进的心理活动过程。① 这种心理活动的增强,需要他人给予鼓励与促成,但主要源自对自身能力的充分认识。只有自信,才能通过激励的方式,不断提升自我效能感,进而向较为复杂和困难的学习任务发起挑战,最终促使自身的学习动机不断增强。

3. 切实增强自尊心

Mooney 等人的研究表明,学生学业成就的归因方式与自尊之间存在密切的相关性。② 自尊心强的人不服输,对于成功的渴望更加强烈,他们比其他人有更强烈的学习动机。但自尊与学习动机的关系并非简单的单向传递,成功的学业成绩同样可以使人形成强烈的自尊。研究表明,学业上的成功会导致自尊增强,在学校中的成功体验是影响自尊的主要因素。③ 通过增强自尊来增强学习动机是一种很重要的方式。另外,适时增加对学生的鼓励性评价,逐渐减少对学生的批评性评价,让学生尽量体验学习的成就感和愉悦感,也是增强学生自尊心的有益方法。

(二)优化学习动机形成的外部环境

所谓学习动机的优化,就是要求从学校外部的环境开始,通过构建积极向上的榜样型家庭、建立规范全面的成熟型学校、创建和谐融洽的关爱型社会等,不断培育和增强学生的学习动机。

1. 构建积极向上的榜样型家庭

家庭教育对学生的成长有关键的作用。家庭中父母的想法和做法对学生的影响是巨大的,也是深远的。在家庭教育中,父母的一举一动时刻都在为孩子做示范。因此,为孩子树立一个好的榜样,让其学习和模仿,充分发挥榜样教育的作用,对其学习动机的增强至关重要。所谓榜样教育,是指教育者根据教育目的,依据受教育者的身心发展规律,以榜样为载体来激发受教育者的内在动力,进而引起受教育者的情感共鸣,并促使受教

---

① 车丽萍、秦启文:《管理心理学》,武汉大学出版社 2009 年版,第 225 页。

② Mooney S P, Sherman M F, Lopresto C T. *Academic locus of control self - esteem, and perceives distance from home as predictors of college adjustment*. Journal of Counseling and development,1991,69(5): 445 - 448.

③ 任亮宝、舒跃育:《自尊心理及其相关研究的综述》,《河西学院学报》,2008,24(3): 83 - 86。

育者对榜样进行仿效学习,最终达到内化榜样所蕴含的精神品质、生成自我价值观念和道德人格的教育活动。① 父母通过对教育的重视,通过对知识重要性的关注,可以引导学生逐渐养成良好而持久的学习动机。

2. 建立规范全面的成熟型学校

学校是学生学习的主要场所,是学生学习动机养成的主要阵地,对学生学习动机的增强有最直接的影响和作用。要使学生养成良好的学习动机,首先,要将学校的生态条件打造好,为学生营造一个让他们感到心情舒畅的学习环境;其次,要将学风建设好,为学生创设一个良好的学习氛围,并以此引导学生形成浓厚的学习兴趣,不断激发他们的学习热情;再次,要做好学校管理,让学生在一个有规有矩的环境下生活学习,充分发挥各自的特长,展现自身,提升自我;最后,班级教师要有针对性地做好学生的思想教育工作,帮助学生摆脱对学习的负面认识,纠正他们只重实用不重理论和基础的片面性知识观,引导他们养成良好的学习习惯和正确的学习方法,不断激发学生的求知欲,逐渐增强学生的学习动机。

3. 创建和谐融洽的关爱型社会

教育"9+3"计划背景下的中职学生正处于一种价值观即将形成的阶段,这个时期的学生最容易通过观察的方式获得认识,进而形成自身的处世观念和价值体系。所谓观察学习,就是通过观察他人的行为,即看见他人做什么,注意到他人行为的结果,形成对自己行为和结果的期待,最终获得关于自己的能力可能性的认识。② 对于身处社会中的中职学生而言,需要避免消极污秽文化对他们思想的侵扰,并向他们展现更多正面的、积极的文化,使其认识到科技和知识为人类进步所带来的正能量。总之,要努力为其营造一个良好的成长成才环境,激发他们潜在的探知欲望,最终促使其逐渐形成和不断增强学习动机。

---

① 李祖超、邵敏:《青少年榜样教育困境与策略分析》,《中国教育学刊》,2011(1):80-83。
② 郭本禹:《当代心理学的新进展》,山东教育出版社2003年版,第16页。

第五部分　理论与视角：教育"9+3"计划建构之理论基础

在"十二五"规划的攻坚阶段，贵州省委、省政府提出了大力实施教育"9+3"计划的战略决策。这一决策凸显了贵州"城乡统筹、三化同步、科学发展、强县升位"的经济社会发展定位，顺应了贵州省委、省政府"两加一推"的发展主基调，满足了贵州奋力推进"工业化、城镇化、农业现代化"建设的发展需求。它标志着传统割裂式的、输血式的教育状况的终结，预示着贵州城乡一体、普职融合新型教育格局的到来。

既然如此，作为贵州教育事业改革和经济社会发展之重大战略决策，"9+3"计划的内涵与本质是什么？它是哪些思维理念和视角观念的衍生物等问题均需要我们仔细思量。

任何计划或项目的出台均是特定思维理念或视角观念的衍生物。教育"9+3"计划作为一项以"免费"教育为核心，以提高九年义务教育阶段巩固率和中等职业教育阶段成效率为主旨的战略规划，其实质是贵州经济社会科学发展之客观需求的外在表征，是贵州教育事业内涵式发展的必然路向。从该计划构建与实施的思想起源和创意宗旨来看，教育"9+3"计划同样是特定思维理念或视角观念的衍生物，它不但需要劳动力转移、教育均衡、制度变迁、政策评价等思维理念来为其内涵构建进程提供理论依据，而且需要教育学、心理学、经济学和社会学等思潮观念来为其整体建构活动提供理论支撑。

一、教育"9+3"计划之内涵建构进程的理论依据

前面已经提到，教育"9+3"计划是贵州省委、省政府在奋力推进"工业化、城镇化、农业现代化"建设进程中提出来的一项重大战略决策。该战略决策是国家利益代理者对教育"9+3"计划之内涵与本质进行深入探究与缜密思量的基础上，借鉴劳动力转移、教育均衡、制度变迁、政策评价等思维理念成果构建而成的。

（一）阶层流动：教育"9+3"计划构建借鉴劳动力转移理论之当然

一般来说，劳动力转移是指社会主体从既得利益较低的单元向预设报偿较高的单元之间的流动。教育"9+3"计划作为一项重大战略决策，其在酝酿伊始必定会权衡多方参与主体的利益。因为只有在充分保障参与主体应得最低限度报偿的前提下，才能永葆该项决策不断革新之发展动力。考虑到教育"9+3"计划参与主体的特殊性（往昔的研究成果表明，从义务教育阶段过渡到中等职业技术学校接受免费职业教育的对象大多来自社会底层），在该计划构建伊始，国家利益代理者就为这些参与主体量体裁衣地预设了一个"理想蓝图"。许多九年义务教育阶段的所谓"双差生"进入"3"计划行列之中，完成了自己劳动力转移的第一步。正是基于这一思考，教育"9+3"计划之构建活动充分借鉴了以"阶层流动"为终极追求的劳动力转移理论。

（二）统筹发展：教育"9+3"计划构建借鉴教育均衡理论之应然

教育均衡理论的本质是一种教育机构、教育对象等在教育活动中享受平等待遇的教育思想，它的基本要求是在教育机构和教育群体之间，平等地分配教育资源，借以达到教育需求与教育供给相对均衡的状态。因此，人们常说，教育均衡发展既是一个目标，也是一个过程。① 教育"9+3"计划是一项重大的战略决策，贵州省委、省政府在其酝酿和构建阶段，本着负责的态度、公平的原则、人道主义精神等对"教育所培养的劳动力在总量和结构上是否与经济社会的发展需求相均衡、城乡受教育者的权利和机会是否均等、城乡各类教育资源间的配置是否均衡"等问题进行仔细思量，这一点我们可以从《贵州省人民政府关于实施教育"9+3"计划的意见》（黔府发〔2013〕1号）中阐述的"优化中小学校布局调整、推进义务教育阶段教育信息化、健全义务教育'控缀保学'工作长效机制、扩大中职学校办学规模、提升中职教育人才培养质量"等重点工作的安排中得到验证。因此，教育"9+3"计划之战略决策的提出，是科学借鉴教育均衡理论之应然，其追求的是以统筹发展为目标的基础教育内部、职业教育

---

① 王善迈等：《中国教育发展不平衡的实证研究》《教育研究》，1998（6）。

与基础教育之间、城乡教育之间、劳动力结构与经济社会之间的协调发展。

(三) 自上而上：教育"9+3"计划构建借鉴制度变迁理论之必然

制度变迁理论是指创新主体为实现一定的目标而进行的制度重新安排或制度结构的重新调整。它是制度的替代、转换、交易与创新的过程。[①] 从教育"9+3"计划的内涵本质与任务要求来看，此计划"自上而上"的变迁路径及显著的强制性表征属于美国著名经济学家道格拉斯·诺思所分析认定的正式制度的范畴。这一点从该计划的制订者对九年义务教育和三年免费中职教育阶段相关信息的全面把握程度及对办学经费、人力资源等教育资源配置类特殊权力的掌控程度可以初见端倪。既然该计划属于诺思所分析认定的正式制度的范畴，那么该计划的制订主体必定是在对计划的预期收益和应付成本进行仔细比对后所做出的创新之举，并且其背后的动力必定与发展该计划的公益性及其巨大的外部经济效益和社会效益有关。因为按照诺思的观点，任何主体所追求的制度变迁行为都是利益最大化驱动之所为，这一主体自然包括作为国家利益集团和代理者在内。基于此，我们认为，教育"9+3"计划是替代低效度教育制度之必然，其核心诉求在于通过办学体制、投资体制、管理体制等教育资源配置效率的不断优化来为九年义务教育和三年免费中职教育的有效发展提供制度保障，尽管这一保障制度表现出明显的"自上而上"的发展特征。

(四) 执行效果：教育"9+3"计划构建借鉴政策评价理论之实然

政策评价是政策评价主体依据一定的评价标准，采用一定的方法，对政策的内容、执行过程及执行结果所进行的价值判断，判断政策的执行效果是否达到政策预期目标，其评价的实质是对政策实施价值判断。[②] 人类几千年来的教育实践表明，教育的发展离不开教育政策的引导、规范和支持，教育政策也是促进教育事业发展的重要资源。教育"9+3"计划作为一项重大的战略决策，其构建伊始就本着引导、规范和支持九年义务教育

[①] 贺武华等：《高等教育发展的制度变迁理论解释》，《江苏高教》，2004 (6)。

[②] 岳智勇：《四川藏区"9+3"免费职业教育政策的可行性研究》，电子科技大学硕士学位论文，2012。

和三年免费中职教育科学发展之宗旨，尝试在九年义务教育水平不断提升、三年免费中职教育不断铺开、中小学校布局不断优化、义务教育阶段教育信息化不断推进、中等职业学校办学规模不断扩大、"控辍保学"工作长效机制不断健全、中等职业教育人才培养质量不断提高、义务教育和中等职业教育师资队伍建设不断加强等执行效果的不断表征中，通过目标任务的完成度、重点工作的推进度、保障措施的完善度等愿景量标来践履该政策的评价功能。因此，无论此计划的制订者是否意识到，教育"9＋3"计划对政策评价理论的借鉴之处都是毋庸置疑的。

二、教育"9＋3"计划之整体建构活动的理论支撑

前文从劳动力转移、教育均衡、制度变迁、政策评价等思维理念方面论述了教育"9＋3"计划构建进程的理论依据。但这仅仅是此计划构建的一个方面，因为此理论依据还远不能独自支撑整个计划的建构进程，还需要从教育学、心理学、经济学和社会学等思潮观念层面来阐述此计划的理论支撑架构。

（一）育人为本：教育"9＋3"计划实施之教育学要求

从教育学视角探寻教育"9＋3"计划的建构本源，其研究的逻辑起点在于对"什么是教育"这一基本问题的阐释。但对于"什么是教育"这一基本问题，不同的人有不同的理解。但综览大家的解释，不难发现，认为教育的本源应是"育人为本、彰显人性"者不在少数。基于这一共识，故在以"育人为本"为核心理念的教育学视角内，教育"9＋3"计划所关注的基本问题应着眼于以下两个方面："9"和"3"如何衔接、"9"和"3"各自内部众要素如何协调。而对这两大基本问题进行有效探究均是围绕"如何育人"这一逻辑主线展开的。所不同的是，对"9"和"3"如何衔接的问题进行思维架构时，其探究活动所关注的是处于整个教育链上游的诸如教育方针、教育体制、管理机制、教育理念等宏观层面的信息，而对"9"和"3"各自内部众要素如何协调问题进行解读时，其探究活动所侧重的则是位于该教育链中下层的诸如学校布局、师资队伍、教学管理、教学模式、资源配置、教学艺术等中观和微观的信息。也就是说，基于教育学理论视角，秉持"育人为本"之教育"9＋3"计划建构理念，虽然能通过对位于宏观层面的教育方针等信息的关注和对处于中、微观层面的师资

队伍等信息的侧重来有效阐释该计划"如何育人"的问题，但该建构理念却无法科学而有效地诠释该教育计划究竟需要"育什么样的人"这一根本性问题。

（二）需求至上：教育"9+3"计划实施之心理学表征

心理学是一门以揭示人类心理活动之内在规律等为主旨的科学。心理学之所以能成为教育"9+3"计划建构之支撑理念，是因为教育"9+3"计划中人的位移总是处于"在场"的状态。而建构教育"9+3"计划历程中所发生的众多活动都与处于该教育计划中之"在场"人员的心理特征、瞬时动机、人文情愫和精神表象等位移态势有密切的关联。故从心理学理论视角来看，"需求至上"视角理念就自然而然地成为建构教育"9+3"计划的思维逻辑起点。而这一思维逻辑起点的最终明确必然引发建构教育"9+3"计划究竟要培养"什么样的人"这一根本性问题。因为对该计划究竟需要培养"什么样的人"这一根本性问题的阐释，关系到该计划的实施效果和建构初衷等的达成程度。而无论是该计划的实施效果的彰显还是该计划建构初衷的实现，均与处于该教育计划中"在场"人员之"需求至上"的内在心理活动规律或表征有关。

前文已经阐述过，教育学理论本身无法回答该教育计划究竟需要"育什么样的人"这一根本性问题。但洞察教育"9+3"计划建构之思想起源和创意宗旨不难发现，该计划是以"自我实现"和"社会需求之理想人才"两大价值取向为建构前提的。无论是"自我实现"价值取向的彰显还是"社会需求之理想人才"建构前提的确立，都与处于该教育计划中"在场"人员之"需求至上"的内在心理活动有关。由此，教育"9+3"计划之建构活动必须切实考虑出于"需求"意愿而参与该计划建构活动的"在场"人员的需求意愿体系，因为这一需求意愿体系或多或少与处于该需求体系之下位的、隶属于微观层面的诸如教学目标、评价模式、教学风格、教学情境、教学方法等因素有关。正是基于这一考虑，"需求至上"等理念视角自然就成为建构教育"9+3"计划之心理学理论表征。

（三）效益最大：教育"9+3"计划实施之经济学诉求

经济学是一门以揭示经济活动规律为己任，以追求经济利益最大化和实现经济结构最优化为目的的科学。从经济学理论视角探讨教育"9+3"计划，其关注的逻辑起点必然会通过经济学理论中"效益最大"这一核心理念来凸显建构教育"9+3"计划的可能性和必要性。任何计划都是建立在一定经济利益基础之上的。作为反映现阶段主流价值观念诉求的教育"9+3"计划,其也必然建立在一定的经济基础之上的,故其建构活动自然也会受到经济活动内在发展规律的制约与影响。而作为经济活动内在发展规律之外在表征的"效益最大"经济原理,自然也就与教育"9+3"计划实施的深度与效度等联系在一起,即"效益最大"经济原理会直接影响到教育"9+3"计划之"育人效果如何"这一本质问题的践履程度。

前文所论述的隶属于心理学层面的"需求至上"之视角理念为教育"9+3"计划诉求"育什么样的人"这一根本性问题的解答,提供了归属于个体自然属性层面的理论支持。然而,作为社会生活中的个体,其不仅具有某种必然的、与生俱有的自然属性,而且还会因为其生活在一定的社会关系中而彰显出某种后天形成的社会属性。这种社会属性必然会对作为社会公众现象的教育"9+3"计划之建构目标提出某些要求,而这些要求从经济学原理层面来审视,就是看在教育"9+3"计划建构活动中能否实现以最少的资源投入而得到最大化的价值诉求。也就是说,教育"9+3"计划的建构目标——育人效果是否达到了"效益最大化"的目标诉求。

正是基于这一考虑,为了彰显该教育计划之"效益最大化"育人效果,我们在教育"9+3"计划的建构活动中,应始终坚持贯彻"效益最大"之育人原则,从教育方针、管理体制、办学理念、学校布局、专业设置、资产利用、课程开发、校企合作等多方面、多角度综合判定教育"9+3"计划的建构效果,最终把衡量教育"9+3"计划之"育人效果如何"作为判定该教育计划建构质量和实施效果优劣的标准。

(四) 和谐发展:教育"9+3"计划实施之社会学宗旨

社会学理论中之社会和谐的理念是指社会系统中的各个部分、各种要素处于相互依存、相互促进、协调发展和良性运行的状态。该理念之要旨是指人与自然、人与社会、自然与社会、人与人之间的和谐相处。[1] 以社会和谐理念视角为逻辑思维起点来探讨教育"9+3"计划,其所欲揭示的结果必然会指向教育"9+3"计划"为什么要那样育人"这一核心问题。因为作为社会公众现象的教育"9+3"计划,其整体建构活动始终离不开

---

[1] 刘殿臣:《和谐社会理论提出的背景初探》,《现代商业》,2008 (4):263。

社会这一生活大环境,而构成社会生活之主体的却主要是一个个自然属性迥异的个体。为此,通过教育"9+3"计划来凸显社会构成主体之社会化价值的建构活动,就是阐述教育"9+3"计划的育人缘由和达人途径。而对教育"9+3"计划之育人缘由和达人途径等问题进行阐述的过程,就是教育与社会之间复杂关联不断明晰的过程。

正是基本这一研究前提,在教育"9+3"计划中,无论是"9"因素还是"3"因素,或该计划中的"9+3"表象,其均是从教育学的角度来进行思维架构的。虽然这一思维架构能有效回答教育"9+3"计划是"什么"这一本源性问题,但它无法解释教育"9+3"计划"为什么要那样育人"这一关键问题。为此,还需要我们从教育与社会之复杂关联的视角来对该计划之建构根源进行整体考究。

正如前人所言,教育作为一种社会公共活动,其有效运作需要社会生活情境来作为支撑。而作为处于架构地位态势的社会情境则离不开教育现象的有效支持。因为教育的和谐能通过人的作用实现社会的和谐,而社会的和谐又能有效推动教育的和谐。[①] 作为社会现象的教育"9+3"计划,其建构背景不仅是源自对教育和谐发展之目的所进行的综合思考,而且出自于对社会和谐发展之建构蓝图所牵引出的科学思量。

首先,从显性层面来看,教育"9+3"计划中的"+"符号,不仅隐示着九年义务教育还存在着诸多不足,而且彰显出三年职业教育尚处于尴尬的发展境地,迫切需要诸如教育"9+3"计划等的建构活动来彰显与保障和谐教育态势的形成。

其次,从隐性层面而言,教育"9+3"计划中的"+"符号,凸显的是社会和谐发展的诉求。因为处于显性层面的教育现象终究要回归到现实社会生活中来表征,并最终要通过社会生活中人的作用来突出教育活动的价值,进而在"完整人"之社会化价值的不断体现中建构和谐发展的社会。正是基于这一思考,我们完全有理由相信,教育"9+3"计划不仅圆满诠释了"为什么要那样育人"的核心问题,而且充分体现了教育与社会和谐发展之价值诉求。

综上所述,教育"9+3"计划作为一种教育现象,其必然会由于其建构活动的不断深入而进一步演化成为一种教育事实。而作为一种教育事实,

---

① 朱春花:《社会和谐与教育和谐之关系摭谈》,《湖北第二师范学院学报》,2008(10):101-102。

其建构过程必不能孤立存在,而总是以"置身其中"的方式存在于社会整体建构活动之中。它不但需要劳动力转移、教育均衡、制度变迁、政策评价等思维理念来为其内涵构建进程提供理论依据,而且需要教育学、心理学、经济学和社会学等思潮观念来为其整体建构活动提供理论支撑。这种客观存在的方式启示我们:教育"9+3"计划并不是单维度理论视角思维架构的产物,而是多维度理论视角统筹整合的结果,其整体建构活动需要我们在共时与历时的坐标体系中,全方位、多层次、全景式地揭示该计划的建构规律①,以更好地指导该计划之建构活动顺利展开和科学发展,最终圆满达成该教育计划的创意宗旨。

---

① 袁顶国:《职业教育城乡统筹研究多重理论视角探寻》,《职教论坛》,2010(16):13。

第六部分 关联与机理：学习动机与学习质量之互动机理

学习动机是人们在学习时产生的一种动机，是一种因为学习而产生，为了学习而维持，并希望达到一定学习目标的心理状态。学习质量是人们学习结束之后产生的一种效果，是一段学习过程结束时取得的成果。在学习过程中，学习动机占据开始和过程，而学习质量占据结尾，二者共同组成了一个完整的学习过程。乍一看来，学习动机和学习质量好像没有什么必然关联，其实不然。人的学习历程是一个总过程，是由无数的小段的学习过程汇总而成的。因此，在一个完整的学习过程结束时，其学习质量又成了下一个学习过程的起始点，并对学习动机产生一定的影响。对于中职学生而言，整个中职教育的求学过程就可以看作其学习的总过程，而其每一天、每一周、每个月、每个学期则可被视为这个过程中的子学习过程，由每一个子过程汇集而成为其整个中职教育的总学习过程。如此看来，学习动机和学习质量相互纠缠于学习过程之中，彼此产生必然的关联。那么，在中职教育中，对统合于学习过程之中的两者而言，各自由何种要素构成？其特性又如何表征？相互间有怎样的复杂关联性？二者间存在的运行机理又如何？这些问题的解答对于厘定学习动机和学习质量各自的边界，以及明晰二者间的互动机理有极为重要的作用。

一、学习动机的构成要素

前面已经提到，学习动机的构成要素包含两个方面：一是其自身，二是与其有关的影响因素。因此，对学习动机构成要素的理解，可从以上两方面展开探讨。

（一）学习动机构成要素之核心——自身

根据上文的阐述我们可以发现，学习动机本身涵盖了两个方面：内部学习动机和外部学习动机。内部学习动机源自人们对事物认知的渴求，是人们求知欲的一种表现，是由内在需求引起的。它是学习动机中最稳定和重要的部分，源于人类自身的好奇心，呈现的是探究和理解等心理倾向。而外部学习动机是由一系列的外部诱因引起的，反映的是人们希望通过自己的独特才能和取得的成就获得相应的社会地位及他人认可的一种愿望和心态，是从希望取得尊重和获得自我提高的需要中派生出来的。研究表明，无论是内部学习动机还是外部学习动机，都会受到外部环境的影响与制约。但对于学习动机自身来说，这二者都是不可或缺的部分，共同维持学习动机的完整性。

（二）学习动机构成要素之外围——相关影响因素

根据前面的阐述内容，我们可以认为，学习动机是一个始终被影响的存在体，这种影响或者是内部的，或者是外部的。因此，对于学习动机的影响因素，也可分为内部影响因素和外部影响因素两个大类。

1. 内部影响因素

前面已经提到，学习动机的内部影响因素主要和人自身的内部情况相关，如认知能力、自我效能感和自尊等内容。认知能力指的是人们在思想上对事物的构成及与他物的关系，对事物发展动力、方向及规律的整体把握能力。它主要通过对自身的认知及对学习动机重要性的认知两个方面来体现，侧重于思想层面的影响。自我效能感指的是对自我是否有能力完成某一行为而进行的推测与判断。它主要通过对学生学习动机的激发等方面来体现，侧重于行动层面的影响。自尊指的是个体对自己所持有的一种肯定或否定的态度，这种态度表明个体相信自己是有能力的、重要的、成功的和有价值的。[①] 它主要通过学生的精神状态等方面来体现，侧重于自信心层面的影响。

2. 外部影响因素

同样，前文也提到，学习动机的外部影响因素主要通过外部环境的实际情况影响学习动机的形成。一般情况下，学习动机的外部影响因素主要和人所处的外部环境有关，如家庭、学校和社会等内容。家庭是与学生联系最为紧密的地方，伴随他们成长与发展的始终，对他们学习动机的养成有很大的影响，是一个关键的外部影响因素。学校是学生学习的主要场所，

---

① Coopersmith S. *The Antecedents of Self-esteem*. San Francisco W. H. Freeman, 1967: 4-5.

其包括学校层面的大场所、班级层面的小场所。因此，会在很多方面对学生的学习动机养成产生极为重要的影响，是一个主要的外部影响因素；①社会是学生将来需要面对的一种环境，当下的社会风气、社会价值观、主流社会思想等方面必然会对学生的学习动机产生很大的影响，是一个重要的外部影响因素。

大多数中职学生处于心理敏感期，心智尚不成熟和稳定，容易受到各种外在因素的影响，从而导致学习动机缺乏持久性和稳定性。因此，让学生充分认识和理解学习动机是什么，并为其创设良好的学习环境，是保障中职学生养成良好学习动机的关键。在这一过程中，需要学生自身的努力与坚持，也需要家长的配合与鼓励，更需要老师积极正确的引导和教育。

二、学习质量的表征维度

对学习者而言，学习质量的好坏是对自身学习过程进行评价的一个非常重要的参考指数。那么，什么是学习质量？从语词的意义角度来讲，质量是指一组固有特性满足要求的程度。因此，学习质量就是通过学习者的固有特性满足学习要求的程度。在同一时间段内，越接近学习要求，说明其学习质量越高；反之，则说明学习质量越低。对于中职学生而言，学习质量要求的制定主要依据学习成绩、专业技能、处事和沟通能力、服务意识和职业素养五个方面。因此，学习成绩、专业技能、处事和沟通能力、服务意识和职业素养等五个方面便成为学习质量的重要表征维度。前两项为才，后两项为德，人以德立，以才长，二者缺一不可。

（一）理论之基础：学习成绩

在学校中，多是通过学习成绩来评价学生的。学习成绩的好坏在很大程度上可以反映出一名学生理论学习修养的优劣或好坏。通常，学习成绩好的学生被认为是在相同时间内掌握更多知识的人，是学习质量较高者的代表。学习成绩好的学生往往是扎实掌握本专业相关理论的人，是具备较高理论素养的人。那么，如何衡量中职学生的学习成绩呢？通常情况下，可以从平时作业、课堂提问、小测验和定期的考试等几方面来衡量。平时

---

① 付海兰、王立平：《教育"9+3"计划背景下中职学生学习动机探析》，《职教论坛》，2014（15）：28-32。

作业可以反映出学生对某一问题的理解程度是否深刻、是否到位；课堂提问可以反映出学生对于之前老师所讲授内容的熟识程度；小测验可以反映出学生对于阶段性学习内容的掌握程度；定期或不定期的考试可以反映出学生对于某一门课程内容和知识的掌握或理解程度。也就是说，通过以上四个方面内容的考察，能够很好地对学生的学习成绩做出恰当的衡量或评估。在已经明晰学习成绩衡量标准的前提下，怎样才能提高中职生的学习成绩呢？对于学习成绩而言，其存在较多的影响因素，有学习者自身的因素，也有与学习者相关联的外界因素。

1. 学习者自身

从学习者自身来看，主要的因素有学习者的学习基础、学习态度、学习习惯等。其中，学习基础较扎实的学生在学习中更容易体验到成功感，进而会以更加积极的态度投入到新的学习中，从而获得更加优良的学习成绩；反之，学习基础较薄弱的学生在学习过程中会遇到更多的挫折，如果心理素质较差，很容易产生厌学心理，从而导致学习成绩不断下滑。因此，对于学习基础不太理想的学生来说，心理调节至关重要。不仅如此，对于一名中职生而言，不管其学习基础扎实还是薄弱，学习态度都是非常重要的。如果学习态度不端正，对学习持一种得过且过、敷衍搪塞的态度，即使其一开始有很好的学习基础，随着学习过程的不断深入，也会慢慢跟不上学习的步伐，最终落在后面。如果学习态度端正，对学习持一种积极向上、勇于征服、不断坚持的态度，即使一开始学习基础很差，也一样可以取得理想的学习成绩，最终成为学习中的成功者。与此同时，学习习惯的好坏对学习者的学习同样有极为重要的作用，在很大程度上可以起到催化剂的作用。良好的学习习惯能起到事半功倍的作用，不良的学习习惯则会起到事倍功半的作用。因此，养成良好的学习习惯对学习成绩的提高亦有重要作用。

2. 相关联的外界因素

与学习者相关联的外界因素包括教师教学水平、学习环境等因素。第一，在外界因素中，教师的教育教学水平是最为重要的一项。教师是人类灵魂的工程师，对学生的成长起着非常关键的塑造作用。教师教学水平越高，越能吸引更多的学生投入到学习上，让学生在学习的质和量两个方面均得到显著提高。反之，则会直接影响到学生的学习积极性，进而波及学生的学习成绩。但在教学活动中，教师的"教"与学生的"学"是一个有机的整体。① 因此，在注重提高教师的教育教学水平时，亦不可放松对学生"学"的要求。第二，学习环境对于学习者并不是决定性因素，但可以影响学生学习的心境。在一个图书资源丰富、学习氛围良好的环境下，学生学习时会觉得轻松愉悦，因而也会更加乐意将更多的精力用到学习上，进而达到提升学习成绩和学习质量的效果。反之，在一个学风不佳的环境中，学生的精力会被各种杂事所占据，无法安心学习，由此影响学习成绩的提高。

在校期间良好的学习成绩可以为学生将来步入社会打下坚实的基础，对于中职学生而言更是如此。中职学生进入社会后从事的多是技术性、服务性工作，拥有良好的理论素养，可以为其在工作中产生创新性行为提供智力支持。

（二）实践之基础：专业技能

专业技能是学生步入社会后从事社会工作与实践的基础。专业技能的高低同样从一个侧面反映学习质量的优劣。专业技能主要从两个方面诠释学习质量的高低：一是技能考试，二是实验实习。技能考试可以反映学生对平时所学某一专项技能的掌握程度；实验实习可以反映学生对所学诸多技能的综合掌握程度和实际应用水平。与学习成绩的表现不同，专业技能主要是从实践性这一侧面来反映和诠释中职生的学习质量的。既然这样，对于实践性较强的专业技能而言，其影响因素究竟有哪些呢？如何才能获得一定程度的提升呢？

中职学生在学习专业技能的过程中会受到多种因素的影响或制约。出现这种情况，固然有其自身的因素，亦有与其相关的外界因素。

从学习者自身的情况来看，主要有学习者的学习兴趣、学习态度等因素。一般来说，技能是一种很专业的东西，在多数情况下是比较固定的，它通常会显得很枯燥、乏味。如果没有浓厚的学习兴趣，则很难学好学精，更不要说达到出类拔萃的程度。因此，培养学生的兴趣至关重要。对中职学生来说，他们尚处在一个兴趣爱好和价值观念未定型的年龄阶段，只要给予适当的引导，则可以很快地取得培养效果。除此之外，无论是理论学习还是实践学习，学习态度都是非常重要的。因此，学习者本人只有端正自己的学习态度，才能够取得理想的成绩。

---

① 潘淑娟：《关于提高高职学生学习质量的看法》，《职教论坛》，2009（4）：47-49。

从与学习者相关联的外界因素来看，主要有教师教学水平、基础设施设备建设等因素。在专业技能的教学过程中，对教师教学水平的要求非常高，不仅要求其熟练地操作和运用各种器材设备，而且要用简单、通俗易懂且极富逻辑性的话语讲解出来，让学生在最短的时间内掌握一项新的专业技能。因此，一名教师的专业能力和语言表达能力在很大程度上会影响学生的学习质量。

与理论学习不同，专业技能的学习更多的是借助器材、设施设备开展的，如果没有相关器材设备的辅助，完全在一种抽象的状态下进行学习，势必达不到获得良好学习效果的目的。因此，加强基础设施设备的建设，加强实验实习基地的建设，对于提升学生学习质量有极大的助推作用。

对中职学生来说，抛开学习成绩，专业技能的强弱也会影响学习质量。因此，需要通过更多的方式和手段，不断培养中职学生专业技能。通过分析中职学生在专业技能学习过程中的影响因素，为中职学生的学习和中职学校的发展提供更多的选择，使得中职学生能更好地投入到专业技能的学习中。

（三）发展之基础：处事和沟通能力

上面提到的学习成绩和专业技能主要是从智育的角度来表征学习质量的，但对学习质量而言，除了智育之外，还需要从德育的角度来对其进行表征。众所周知，学生终将会步入社会，只有才华而无德性，势必会影响他们的成长和发展。作为德育中一项重要内容的处事和沟通能力，对学生的成长和发展具有关键的作用。在一定程度上，处事和沟通能力是一个人的标签，是易于被人观察到的东西，其重要性是不言而喻的。

然而，处事和沟通能力的提升，需要学生本人的观察和体悟以及老师的言传身教。在生活中，学生本人需要具备一双善于发现的眼睛，通过观察他人的言行来反思自我，逐渐提高个人处事和沟通能力。除了自己的观察和感悟外，还需要作为长者的老师言传身教，教师将好的处事和沟通方式教给学生，同时将不好的处事和沟通方式告诉学生，使学生在与人交往中尽量避免犯错。

对于中职学生而言，他们正处在一种极具模仿力的年龄段，他们迫切需要恰当且正确的引导，从而培养出符合社会规范的处事和沟通方式。面对中职学生这一特殊的教育群体，教师在教育教学中要敢于创新教学方法，转变教学观念，努力为学生创设宽松和谐的教学氛围，激发学生的求知欲望,培养学生的参与意识和学习热情,让学生体验到成功的快乐。① 通过在校期间教师的言传身教和宽松学习氛围的熏陶,中职学生必定可以学会在将来的社会生活中处事和沟通的能力。

(四)提升之基础:服务意识和素养

服务意识是一种设身处地为他人着想、站在他人角度思考问题及需求的思维方式。唯有根据他人的需要,提供恰如其分的服务,才能使服务对象获得较好的体验。俗语云:说得好不如做得好。一个人如果仅有较强的处事和沟通能力,但缺乏服务意识和素养,就会使服务对象感觉缺乏诚意。因此,为提高成功的概率,服务者必须具备较强的服务意识和职业素养。为了避免学生步入社会后遇到此类挫折,有必要在学校期间培养和塑造他们的服务意识和职业素养。为了使其较为系统地学习这种能力,学校应为其开设专门的、有针对性的课程,邀请相关行业的人员为其开设专题讲座,通过定期模拟演练的方式,培养学生的服务意识和职业素养。但良好服务意识与职业素养的养成最终需要学习者的积极参与,正如心理学家斯滕伯格所说:"成功的学习者是主动的、有目标导向的,具有学习责任心的个性特点的。"② 通过内外两方面的努力,可以使学生养成良好的服务意识与职业素养。

大多数中职学生步入社会后会从事服务类行业,如果其具有良好的服务意识和职业素养,会使服务对象感到自身是被尊重的,从而对服务人员产生好感。这样一来,有利于激励服务者继续提升自己的素养,更好地为服务对象提供服务。

三、学习动机与学习质量之复杂关联

学习动机与学习质量是始终贯穿于学生学习过程中的两个核心问题,两者有各自的作用和影响,既有内在关联性,又有相对独立性。首先,学习动机与学习质量有紧密的内在关联性,相互影响。强烈的学习动机是获得较高学习质量的保障,而良好的学习质量又可以增强学生的自信心和成就感,促使其保持强烈的学习动机。如果学习过程中仅有强烈的学习动机,

---

① 张延红:《浅谈如何培养中职学生的学习兴趣》,《现代教育》,2013(8):94。
② Robert J. Sternberg&Wendy M. Willians:《教育心理学》,张厚粲译,中国轻工业出版社2003年版,第408页。

而不注重学习质量的好坏,这样的学习必定是无效的,最终会失败;如果学习过程中仅有较高的学习质量,而无强烈的学习动机,这样的学习将会是枯燥乏味的,久而久之必定会使学习质量逐渐下降。其次,学习动机和学习质量之间相对独立,各自发挥自身的作用和影响。任何事物都有其自身的特征和独特属性,学习动机和学习质量也不例外,二者在学习过程中扮演着各自不同的角色。学习动机在学习过程中起激发和促动作用,使学生对学习产生强烈的兴趣,促使其积极主动地投入到学习之中;学习质量在学习过程中起到的是检验和反馈作用,让学生时刻掌握自己的学习情况,清楚对于一种学习方法应当坚持还是改变。

(一) 学习动机是学习质量提升的保障

动机是人主观能动性的表现,诸多事情的发生和开展均是在动机的推动下进行的,学习也不例外。可以说,所有学习始于动机,学生只有在学习动机的驱使下才会积极地投入学习活动。正因为如此,学习动机的强弱直接决定了学生的学习态度和积极性,并影响到最终的学习效果和学习质量。好的开始是成功的一半。学习动机对于学习质量而言,是前提,是基础,更是保障。

保障学生学习质量的根本是激发学生学习的主动性和积极性,发挥学生的学习潜力和学习优势,引导学生把时间、精力和智慧投入到学习中,让学生成为享有权利和承担责任的学习主体。[①] 基于此,调动和维持学习者的学习动机就成为保障学生学习质量获得提升的重中之重。学习动机的强弱始终受到一定因素的影响,这些影响因素既包括每个人所独具的认知能力、自我效能感和自尊等内容,又包括对每个人始终产生影响的家庭、学校和社会等内容。只有将这些相关影响因素统合成一种合力,才可以保证学习动机始终保持在较高水平,进而为中职学生学习质量的有效提升提供动力保障和智力支持。

(二) 学习质量是学习动机强化的助推器

学习质量是一个学习过程的结尾,它为下一个学习过程提供反馈。利用学习结果的反馈信息,给予适当的评定,妥善地进行奖惩,可以促使学

---

① 叶信治:《大学生学习质量保障:学生权利和责任的视角》,《复旦教育论坛》,2008(6):39-43。

习者对该学习过程进行反思。① 根据学习质量的好坏，学习者可以直观而清晰地了解自己某一阶段的学习效果，并根据学习效果来适当地调整学习动机。通过对学习质量的反思，学习者可以清楚地知晓在学习过程中，何时对哪方面的学习内容进行强化。

要很好地实现学习质量作为学习动机强化的助推器功能，最重要的是加强和提升学习者的反思能力。在每一个学习过程结束之后，学习者通过对照自己的预期，观察学习质量是否达到了期望值，反思哪些方面是值得继续坚持的，哪些方面需要做出调整和改变，长此以往，学习者便可以逐渐地形成较强的学习反思能力。除此之外，老师也应经常督促并监督学生对学习质量进行反思，使其养成反思意识和反思习惯。在这种内外合力的作用下，学习者势必会养成良好的反思能力，为学习动机的强化增加动力。

（三）学习动机和学习质量之相对独立性

学习动机与学习质量之间存在非常紧密的互动性，但二者又具有相对独立性。抛开二者之间的相互作用与影响，它们亦分别受到不同因素的影响。对学习动机而言，它的强弱不但会受到学习质量的影响，而且会受到其他因素的制约，如学习者的认知、教师的引导、学校环境的影响等。学习动机在形成和维持的时间段内，会受到各种因素的综合影响，使其强弱始终处于一种动态的变化之中。对学习质量而言，它的好坏既受到学习动机的影响，亦受到其他因素的影响，如学习者的学习态度、教师的教学质量、学校学风的建设等。学生的学习质量能否达到原本的期望，取决于各种综合因素的影响。唯有在一种合力的作用下，方能达到甚至超越学习质量原本的预期。

四、单向递进与循环往复交织：动机与质量之运行机理

学习过程既是阶段性的，又是长期性的，因不同的时间划分和看待角度而定。但无论是哪种，均包含着学习动机与学习质量两大要素。从阶段性来看，二者的关系为学习动机→学习质量，或学习质量→学习动机→学习质量，呈现出明显的单向性发展特征；从长期性来看，二者关系为学

---

① 李凤香：《关于中职学生学习动机及其成因的调查》，《职教论坛》，2011（17）：110 - 112。

第六部分　关联与机理：学习动机与学习质量之互动机理

动机→学习质量→学习动机→学习质量→……→学习质量，呈现出典型的循环往复特点。在学习动机和学习质量的互动中，存在一种天然的运行机理。

（一）单向递进：阶段性学习之运行机理

对于学习过程的某一个阶段来说，或者始于学习动机，或者始于学习质量，但最终都以学习质量作为一个阶段的结尾。在这样一个过程中，其体现的是明显的单向性原则。

1. 始于学习动机的学习过程即学习动机→学习质量

此类学习过程犹如一根竹子的一节，其只是作为整体的一部分而存在。在这样的学习过程之中，学习动机作为开始并贯穿于整个学习过程之中，最终以学习质量的好坏来评价整个学习过程的效果，而学习质量不会对学习动机产生反馈作用。始于学习动机的学习过程需要学生具备较强的学习动机才能取得理想的学习质量，因此，这一学习过程的关键是激发并保持学生强烈的学习动机。

2. 始于学习质量的学习过程即学习质量→学习动机→学习质量

这里的两个学习质量是不同的：一个是上一个学习过程中的学习动机促成的运作结果，我们可以称之为学习质量 A；另一个是本学习过程中取得的结果，对本阶段的学习过程起到一定的反馈作用，我们可以称之为学习质量 B。从学习质量 A 到学习质量 B 是一个通过反馈进行改变的过程，也是一个获得提高的过程。只有经历这个过程，才能促使学习者达至最终期望的学习质量。在这个学习过程中，学生需要具备较强的学习反思性，才能够明白自身要努力的方向和重点，进而通过学习动机的驱动来提高理想的阶段性学习质量。

在阶段性学习过程中，学习动机与学习质量之间的互动性表现得不是非常强烈，更多地体现的是学习动机的主导性。因此，对于阶段性学习过程来讲，让学生始终保持较为积极的学习动机是重中之重。

（二）循环往复：长期性学习之运行机理

对长期性学习过程而言，有两种不同的模式：学习动机 M_1→学习质量 Q_1→学习动机 M_2→学习质量 Q_2→……学习动机 M_n→学习质量 Q_n；学习质量 Q_1→学习动机 M_1→学习质量 Q_2→……学习动机 M_{n-1}→学习质量 Q_n。无论是哪一种模式，均呈现出一种循环往复特征。

1. 第一种模式

在学习动机 M_1→学习质量 Q_1→学习动机 M_2→学习质量 Q_2→……学习动机 M_n→学习质量 Q_n 的过程中，学习动机的激发是一个关键因素。这一模式注重的是学习者学习动机的强弱，与其之前所学习和积累的知识和技能无关。即便某名学习者最初的成绩非常差，但只要能够激发起强烈的学习动机，就可以为学习过程中的第一步打下坚实的基础。因此，激发和保持学习者的学习动机在这一模式中显得尤为重要，这也是老师、家长乃至学生本人应重点思考与关注的问题。

2. 第二种模式

在学习质量 Q_1→学习动机 M_1→学习质量 Q_2→……学习动机 M_{n-1}→学习质量 Q_n 的过程中，学习质量的保持和上升是一个关键性因素。在这一模式中，每一阶段的学习质量为下一阶段的学习动机提供反馈，帮助学生调整对每一项学习内容所应具备的学习动机的强弱，以便学生及时地、有针对性地去提高关于某一项学习内容的学习质量。而在这一学习过程中，学习质量能否获得提高或者得以保持，对学习者的学习动机具有极大的影响。因此，在这一模式中，只有确保学生学习质量能够提升或保持，才能保障学习动机与学习质量在循环往复中不断进行密切互动。

在这一长期性的学习过程中，学习者必须切实地将对学习质量的反思作为其调整学习动机的依据，并以较强的学习动机为下一次学习质量的提高提供保障。唯有如此，才可以确保学习动机和学习质量长期有效互动。对学习动机与学习质量互动中出现的问题，如具有强烈的学习动机，但仍不能取得满意的学习质量，学习者需要及时找到问题出现的原因，并将其解决，从而确保学习动机与学习质量之间的良性互动。

总之，学生在接受中职教育的过程中，学习动机与学习质量一直伴其左右，影响着他们的学习过程。在这一过程中，学习动机与学习质量各自有不同的特点和表征，并充分诠释着自己的定位和功能。虽然两者各具特征，但也始终存在较为复杂的关联，相互为对方提供帮助，不断地进行良性互动，在互动中展现出两者间的运行机理。通过对中职学生学习动机与学习质量互动机理的研究，人们对两者在中职学生学习过程中的定位、相互关系及运行方式有了更为充分的认识，也可以为解决中职学生学习问题提供更多的视角和选择。

第七部分　评价与指标：中职生学习动机与学习质量提升之评价体系

近年来，随着我国对中职教育的不断重视，中职教育取得了跨越式发展，不仅在数量方面有所增加，而且在结构方面也开始趋向于合理化。但中职教育在质量方面一直没有实质性的改变。作为中等教育中的特殊一环，中职教育的发展理应步入"新常态"，即由结构数量的改变向质量内涵的提升转变。在中职教育质量提升方面，学生学习质量的提升无疑是其中最为重要的，同时也是最受人关注的方面。但如何评价中职生学习的质量是否得到了提升，这就需要一套完整的评价体系。这一评价体系的建立"应当重视对学生学习过程的考核，重视对学生学习素质的考查，学习最终是要落实到提高自身综合素质上"[①]。本部分通过分析中职学生学习质量提升的表征维度，从指标与观测点的"小视角"构建了中职学生学习质量的评价体系，并探究了学习动机在中职学生学习质量评价体系中所起到的积极作用。

一、中职生学习质量提升的表征维度

对中职学生的学习质量的提升与否，需要通过以下几个维度来加以界定。最为常用的标准是国家职业标准对从事相关专业人员的三大基本要求，即从知识、技能和素质三个方面来进行界定，这一标准具有普遍性和指导性。但对于准确体现中职学生学习质量是否获得提升而言，这一标准显得轮廓较粗，且欠缺一定的可操作性。本部分在这一标准的基础上，做了适当的变更与调整，将理论知识、专业技能、服务意识、职业心态和社交能力五个方面作为中职学生学习质量提升的表征维度，从而使中职学生学习质量提升的评价有更加明确的量化标准。

---

① 冯宁：《高职院校学生学习质量评价体系探究》，《教育与职业》，2013（8）：179－180。

（一）学习质量提升的基础表征维度：理论知识

通常，对学生的评价多是通过学习成绩来界定的。学习成绩好的学生被认为是在相同时间内掌握更多知识的人，是学习质量较高者的代表，同时也是对于本专业相关理论知识掌握扎实、具备较高理论素养的人。对于普通中学的学生而言，他们的知识掌握情况可以从平时作业、课堂提问、小测验和定期的考试等几方面来予以衡量。鉴于中职学生与普通高中学生的区别，对他们知识掌握情况的衡量不仅体现在学校课堂中所学习到的理论知识，还包括在实习期间学到的经验性理论知识。通过不断学习，知识数量的增加是显而易见的，但学习质量的提升更多的是看其在同等时间内掌握知识的量，这就要求学生学会融合知识，提高学习效率，提升学习质量。因此，中职学生必须要学会融合课堂理论知识和实习中学到的经验性理论知识，将两者恰当地融合成一个整体，这样方能为将来在工作中做出创新性行为提供理论支撑。

（二）学习质量提升的核心表征维度：专业技能

专业技能是中职学生步入社会后从事社会工作和实践的基础，也是反映学习质量优劣的重要表征，因而教师"要做到切实关注学生的职业发展与生活方式，必须为学生提供有价值的知识和技能"[①]。专业技能主要从两个方面来诠释学习质量的高低：一是技能考试，二是实验实习。技能考试可以反映出学生对于平时所学某一专项技能的掌握程度；实验实习可以反映出学生对所学诸多技能的综合掌握和实际应用水平。与理论知识不同，专业技能主要是从实践性这一侧面来反映和诠释学习质量的。对中职学生来说，理论知识的储备只是衡量其学习质量的一个方面，专业技能的强弱可以从另一个侧面反映学习质量的高低。因而，需要重视专业技能的培养和锻炼，也需要通过更多方式和手段，不断增强中职学生专业技能。通过分析中职学生在专业技能学习过程中的影响因素，可以为中职学生的学习和中职学校的发展提供更多的途径和选择，进而促使中职学生更好地投入到专业技能的学习和实践之中。

（三）学习质量提升的关键表征维度：服务意识

服务意识是一种发自内心的、希望主动自觉做好服务工作的观念和意

---

① 阚雅玲：《重构课堂教学，提高学习质量》，《中国职业技术教育》，2003（11）：49-50。

愿,也是一种设身处地为他人着想,站在他人角度思考问题及需求的思维方式。唯有根据他人的需要,并给予其恰如其分的服务,才会使服务对象获得较好的体验。俗话云:说得好不如做得好。如果一个人仅仅能言善道,但缺乏服务意识和素养,则会使服务对象感觉缺乏诚意,并导致最终失败。因此,为保障和提升成功的概率,服务者必须具备较强的服务意识和职业素养。为避免学生步入社会后遇到此类挫折,有必要在学校期间培养和塑造他们的服务意识和职业素养。为使其较为系统地学习到这种能力,学校应为其有针对性地开设相关课程,邀请相关行业的人员讲座,通过定期模拟演练的方式,促使学生服务意识的养成和增强。

(四)学习质量提升的动力表征维度:职业心态

职业心态指的是在职人员如何看待自己的职业及对自己职业能否成功的心理反应。良好的职业心态可以让人通过自己的职业获取成功,而整天抱怨的职业心态则使人对工作失去兴趣,觉得越做越辛苦。职业心态的培养更多的是心理层面的塑造,始终保持一种积极的心态,全身心投入到自己所从事的工作中去,认真地体会和享受工作的过程,对于养成良好的职业心态有重要的作用。从事一份职业,热爱自己从事的工作,更要热爱与自己一起工作的人,应主动帮助他人,这有助于职业心态的培养。每一份职业都有学不完的知识,应始终保持一种乐于学习的"空杯"心态,对教授自己知识的人保持一颗感恩之心。中职学生刚刚步入社会时从事的多数是较为低端的职业,与其想象中的职业会有较大的不同,这容易导致职业心态的失衡,更容易将个人心态混同于职业心态,让自己对某一职业产生极大的抵触心理。因此,当学生尚在学校中或实习时,就应该加强对他们职业心态的引导与培养,这样才能够在将来的工作中踏踏实实,而不是怨天尤人、患得患失。其有良好的职业心态时,就会充满动力,距离成功也更近一步。

(五)学习质量提升的根本表征维度:社交能力

当下的学校培养的不是呆头呆脑的书呆子,而是机智灵活的全能型人才,这样的人既有较强的学习能力,又有良好的交往能力。社交能力便是一种与人沟通交往的能力,是一个人立足社会的基本条件,是一个人获取成功的先决因素。学生步入社会后,若只有满腹才华而无较强的社交能力,势必会影响他的成长和发展。社交能力是一个人极为重要的能力之一,能够串联起人与人之间的关系,有时甚至比学习能力更为重要,对学生的成长和发展具有关键的作用。社交能力是易于被人发现和观察到的东西,在一定程度上可以起到一种标签作用,其重要性不言而喻。社交能力的提升,一要靠学生本人的观察和体悟,二要靠老师的言传身教。在生活中,学生本人需要具备一双善于发现的眼睛,通过观察他人的言行处事来反思自我,好的就加以学习,坏的就尽量避免,通过这种观察学习和不断反思,逐渐获得个人能力的提升。除了自己的观察和感悟,还需要老师的言传身教。教师应通过自己的经验,将好的处事和沟通方式教给学生,同时也要将不好的处事和沟通方式告诉他们,使其在与人交往中尽量避免。中职学生正处在一种极具模仿力的年龄段,在这个年龄段中,需要给予恰当且正确的引导,从而培养其符合社会规范的社交方式,为将来的长远发展奠定良好的基础。

二、中职生学习质量评价体系指标与观测点

中职学生学习质量是否获得提升以及提升的程度,可通过理论知识、专业技能、服务意识、职业心态和社交能力五个方面来衡量。每一表征维度都可分解为不同的评价指标,然后根据评价指标对学习质量做出大致评定。而要明确知晓学习质量是否获得提升,则需依据更为微观的观测点才能得悉(见表7-1)。

表7-1　中职学生学习质量评价体系指标

一级表征维度	二级评价指标	三级观测点
理论知识:基础表征维度	课堂中理论知识:核心指标	平时作业
		课堂提问
		小测验
		定期考试
	经验性理论知识:外围指标	同学评价
		教师观察
		实习报告
专业技能:核心表征维度	理论性技能:基础	笔试
		口试
	实践性技能:关键	模拟操作
		现场操作
	综合性技能:终极追求	实践+讲解

续表

一级表征维度	二级评价指标	三级观测点
服务意识：关键表征维度	服务态度：基本要求	热情诚恳
		礼貌友好
		亲切尊重
	服务能力：不可或缺	难量化，需长远看待
	服务质量：关键要求	对自身的定位
		汲取教训的能力
职业心态：动力表征维度	职业认同感：成功的根本	职业知识竞赛
		职业认同演讲比赛
		实习实训中的表现
	职业信任度：成功的保障	职业兴趣的养成
		职业兴趣的坚持
社交能力：根本表征维度	表达能力：基础性能力	语言流畅性
		语句完整性
		语义表述全面性
	理解能力：指导性能力	知识与经验的积累程度
		迁移能力
		理解问题所需时间

（一）基础表征维度：理论知识

理论知识是中职学生获得其他能力和素养的基础，对学生综合能力的提升起着支撑性作用，是学生学习质量评价体系中最为根本，也是最不可或缺的一项内容。对理论知识而言，其评价指标可从两个方面作出界定：一是课堂中的理论知识；二是经验性理论知识。经验性理论知识又可从课外实践活动或实习实训中获取。

1. 课堂中理论知识是核心指标

课堂中理论知识是中职学生获取理论知识最基本也是最重要的途径，通常通过听老师的讲授获得，亦可通过讨论交流或阅读资料等方式获得。对课堂中理论知识获取程度和效果的评定主要基于以下几个观测点：平时作业、课堂提问、小测验和定期的考试。平时作业可以反映出学生对某一问题的理解是否深刻；课堂提问可以反映出学生对于之前所讲授内容的熟识程度；小测验可以反映出学生对于阶段性学习内容的掌握程度；定期的考试可以反映出学生对于一门课程内容和知识的掌握程度。从以上四个观测点，能够很好地对学生课堂中理论知识的获取程度与效果做出恰当的衡量。

2. 经验性理论知识是外围指标

经验性理论知识对在校中职学生显得并不是特别重要，一旦进入社会之后，其重要性将会逐渐凸显，是其将来能否灵活自然地处理各种实际问题和困难的保障性知识。对尚未踏入社会的学生而言，经验性理论性知识的获取主要通过两种途径：一是通过课外实践活动，二是通过实习实训活动。经验性理论知识获取效果的好坏可从同学评价、教师观察和实习报告等三个观测点做出衡量。作为一种从情境中获取的知识，无论是在课外实践活动中抑或在实习实训活动中，每一位学生身边总是伴随着老师与同学或实习实训单位的工作人员，而他们则会根据某位学生的经验性理论知识获取程度给予其认为最合适的评价。相比课堂中理论知识获取效果的评价，经验性理论知识获取效果的评价主体更为多元，因而其评价更加全面。

（二）核心表征维度：专业技能

专业技能是中职学生步入社会后从事社会实践和工作的基础，在学生学习质量评价体系中是非常重要且不可或缺的一个方面。专业技能包括口说手动等能力，而每个人所擅长的总有不同，不能一概而论。因此，对于作为学习质量表征维度的专业技能来讲，可从三个评价指标对其进行划定：一是理论性技能，二是实践性技能，三是综合性技能。

1. 理论性技能是基础

理论性技能在专业技能中起着基础性作用，为专业技能层次的提升指明方向。纯粹的理论性技能更像一种"纸上谈兵"，对于一项技能首先怎样、接着又该如何、最后需要怎么办等前后流程阐述得有理有据，但一到实践就不知道该如何下手。通常来讲，这类技能的获取途径主要是老师的言传身教和自己对书籍的阅读，对其掌握程度的判定主要通过笔试与口试两个观测点，更多的是对其记忆力的考察。与理论知识不同，理论性技能的评价范围更小，也更显程式化，每一个步骤都是事先规定好的，只需要通过笔试或口试的方式即可观测出其学习质量是否得到提升以及其提升程度。

2. 实践性技能是关键

实践性技能在专业技能中具有强烈的应用属性，有着极强的外显性，是专业技能的核心价值之所在。纯粹的实践性技能只在乎一项技能如何得以顺利实施，并最终达到目的，并不在乎这里面要遵循的原理和理论情况，因此，一个人对技能的使用非常熟练，但让他对其进行讲解和描述时，便会思绪混乱，不知所言。其实，这与实践性技能的获取方式有较大的关系。对于实践性技能而言，要想获取较强的能力必须要善于模仿并善于反思，并进行长久的练习，对一个人的观察能力和毅力有较高的要求。实践性技能是一项需要动手的技能，因而在对其进行观测时，需要通过模拟操作或现场操作的方式。通过模拟操作和现场操作这两个观测点，能够直观而全面地了解学生的实际动手能力。因此，这对学习质量的评价具有极大的帮助。

3. 综合性技能是终极追求

综合性技能在专业技能中具有全面性的特点，它不是折中性技能，而是"两强且专一性"的技能，即理论和实践能力都很强，但在某一方面又是佼佼者，具备这种技能的学生才是将来社会中真正不可或缺的栋梁，也是中职学校要大力培养的人才。综合性技能不是也不能是折中性技能，而应成为统合性技能，是统合了理论性技能和实践性技能优势与特色的技能。如果理论性技能培养的是讲解员，实践性技能培养的是优秀工人，那么综合性技能培养的就是能说会做的"大师傅"。评价综合性技能的强弱需要通过边实践边讲解的方式，唯有如此才能对其做出合理评价，而这也正是评价综合性技能时的重要观测点。

(三) 关键表征维度：服务意识

中职学生步入社会后大多从事服务类行业，服务意识的训练和养成对其将来的事业发展具有至关重要的影响，是中职学生在校时需要学习的重要内容之一，同时也是学习质量评价体系中不可缺少的内容之一。对服务意识而言，可从以下三项评价指标对其进行衡量：一是服务态度，二是服务能力，三是服务质量。

1. 服务态度是良好服务意识的基本要求

服务态度指的是服务提供者对待顾客所持有的一种心理倾向，包括认知、情感和意向三个方面。[1] 对于将来步入社会后从事服务类行业工作的中职学生而言，服务态度的养成是最为基本也是最为重要的内容。要想养成良好的职业态度，一定数量的培训和必要的练习是必不可少的，因而需

---

[1] 修燕、张拓红：《对医生服务态度的思考——基于社会心理学视角》，《医学与哲学》，2012（5）：22-24。

要为其开设一些社交礼仪类的课程，并经常性地举办礼仪类活动或比赛，通过课堂进行学习，通过比赛和活动进行锻炼提高。那么，什么样的职业态度才是好的呢？一般可通过以下三个观测点来进行判断，即热情诚恳、礼貌友好、亲切尊重。服务态度包含的内容还要更多一些，但只要具备这三点的职业态度就可以使被服务者感到精神需求等得到极大的满足，并且通过这三点也可以很好地诠释和评价服务态度的好与坏。

2. 服务能力是良好服务意识不可或缺的方面

服务能力是指单位时间内可以完成的服务工作量，它是一项不宜做出衡量的项目，在不同时间、不同地点、不同环境下，同一个人的服务能力会呈现出一定的差异性。但在当今这样的一个效率至上的社会中，服务能力的提升是不可规避的一件事。为提升个人服务能力，学生除了在课堂和课下努力学习和勤加练习之外，还需要学会揣摩被服务者的想法和需求，并且不断总结相仿或相似情况的处理方法，使其更简单化和便捷化。然而，服务能力具有强烈的不稳定性，很难通过某个观测点来对其做出准确的评价。若刻意通过某一情境下的某件事情来比较两个人的服务能力，则难免具有片面性。因此，对服务能力的评价或观测，应更多地从一种长远性和动态性过程中做出判断，而不只是从某一次静态的比较中得出结果。

3. 服务质量是良好服务意识的关键要求

服务质量是指服务工作能够满足被服务者需求的程度，是服务意识这一表征维度的核心指标。在服务过程中存在着两个服务质量，一个是服务者提供的实际服务质量，另一个是被服务者所期望的预期服务质量。当实际服务质量接近或高于预期服务质量时，就说明服务质量是好的，低得太多则说明服务质量太差。好的服务质量的获得在很大程度上是基于被服务者预期服务质量的水平，因而使被服务者对自身能提供的实际服务质量有一个明确的了解，也即给自己的能力和质量做一个真实的定位，以免说得很好但做得很差。另外，要善于倾听和接纳被服务者提出的建议，努力提升自身的实际服务质量。因此，服务质量提升与否主要是通过对自身的定位情况与汲取教训的能力两个方面来评价，而这也正是判断其学习质量如何的两个重要观测点。

（四）动力表征维度：职业心态

职业心态指的是在职人员如何看待自己的职业及对自己职业能否取得成功的一种心理反应。虽然对于众多在校中职学生而言，他们暂时还用不上，但他们终究要步入社会，要面对社会中存在的压力与非议。及早对其进行职业心态教育，使其养成良好的职业心态，能让其将来更加从容地面对以后所从事的职业。作为学习质量的一项重要表征维度，职业心态主要由两项评价指标构成：一是职业认同感，二是职业信任度。

1. 职业认同感是取得职业成功的根本

职业认同感主要是指自身对某一职业的看法与他人或社会对这项职业的看法是否一致，反映了自身对某一职业的认可度。良好的职业认同感能使人乐于接受一项职业所具有的优点和缺点，使其在工作中得到更为舒心的体验。不过，在校中职学生对于职业这一概念是陌生的，但其是他们将来必须要面对的。因此，为培养他们良好的职业心态，需要先从思想上进行教育。课堂中多为其讲述本专业将来所从事的职业是怎样一种工作环境，具有怎样的特点，会遇到什么样的挑战，又存在着怎么样的机遇等内容，从而帮助其从心理上对这一职业有一个大致的认识，努力将心态摆正，并最终放在一个恰当的位置。学生只有正确看待即将从事的职业，才能够正确对待现在从事的学业，解决好学习目的、学习态度、学习动力等方面的问题，达到消除自卑感，重振自信心之效果。① 鉴于中职学生对真正的职业接触较少这一事实，对其职业认同感培养效果的观测更多的是从理论层面进行的，如举办职业知识竞赛、职业认同演讲比赛或在实习实训中的表现等。从这三个观测点中反映出的学生态度对比社会对这一职业的看法，最终知晓中职学生对某一职业的认同度。

2. 职业信任度是取得职业成功的保障

与职业认同感不同，职业信任度更多地注重学生自身对某一职业的态度，不在于对某一职业是否认可，而在于自己通过这一职业能否达到自我实现的目的。对一份职业的认同或许是出于生活的目的，但对一份职业的信任则完全是出于对自我价值实现的需要。"三百六十行，行行出状元"，唯有帮助学生找到自己拿手的和喜欢的职业类型，才能使其对某一职业产生强烈的职业信任度，从而达到自我实现的目的。通过课堂或课外实践活动，鼓励学生多去尝试不同的事物，培养广泛的兴趣。然而，职业信任度的培养更多的是基于兴趣的一项内容，而兴趣的养成又是一个长期的过程，

---

① 欧阳卫：《江西某职院饭店管理专业学生职业认同感的调查及对策》，《中国职业技术教育》，2012（13）：65-66.

因此，对职业信任度的观测应基于职业兴趣的养成和职业兴趣的持久坚持。也就是说，这种观测点具有长期性的发展特点，其需要持续性的关注才能得出最为真实合理的评价。

（五）根本表征维度：社交能力

社交能力是综合运用语言、理解和思维解决问题或达成目标的一种综合能力，是一个人基本素质的展现，它对人的成长和发展有至关重要的影响作用，是学生学习质量评价体系中的重要评估内容。对中职学生而言，因其将来所要从事职业的性质对于表达和展现自己有较高的要求，故对其社交能力的培养就显得尤其重要。研究表明，社交能力的展现主要通过以下两个评价指标来体现：一是表达能力，二是理解能力。

1. 表达能力是社交中的基础性能力

表达能力是一个人运用语言、表情、数字符号等方式将自身的思想、情感、态度等内容表达出来的能力，表达得越清晰完整，越易于理解，则说明其表达能力越强。表达能力是人与人之间沟通交往的前提和桥梁，是社交能力中的基础能力。表达能力的获取一是通过学习与锻炼，二是通过观察与模仿。通过阅读可以丰富表达能力的内涵，通过演讲比赛可以使表达更为从容淡定，通过观察与模仿可以使自己的表达方式更为多元化。表达能力可以通过一定的方式方法获得提升，而对其提升与否的判断依据又是什么呢？通常而言，可从语言的流畅性、语句的完整性、语义表述的全面性三方面做出衡量，而这也正是对其进行评价的三个主要观测点。

2. 理解能力是社交中的指导性能力

理解能力是一个人正确处理某件事情的前提，是一种理性指导或感性牵引的能力。理解能力的获得或通过感性经验的积累，或通过理论知识的学习，因此，经历体悟和广泛阅读成为提高理解能力的重要方式。但正如恩格斯所言，个体不必凡事都去经历，只需从其先辈的经验结果中学习即可，因而阅读才是提高理解能力最重要的手段。丰富的知识和经验不一定代表一个人具有较高的理解能力，但知识和经验不足的人肯定不具有很强的理解能力。对理解能力强弱的判断，不仅要基于其知识和经验的多少，而且也要观察其举一反三的迁移能力，而更重要的则是要看其理解问题时所需要的时间，而这也正是评价理解能力时所依据的三个关键观测指标。

三、学习动机对学习质量评价体系的影响

学习动机是什么？学习动机就是激发和维持个体的学习活动，并使学习行为朝向一定目标的一种内在过程或内部心理状态，是一种直接推动学生学习的动力。[①] 在学习过程中，学习动机与学习质量之间存在着复杂的关联性，这种复杂关联也决定了学习动机对学习质量评价体系的直接影响。如何准确把握二者间的关系，便成为理解学习动机对学习质量评价体系影响的关键一环。

（一）学习动机与学习质量的复杂关联

作为贯穿于学生学习过程之中的两个核心问题，学习动机与学习质量之间有紧密且复杂的关系，两者之间既有内在关联性，又不缺乏相对独立性。首先，学习动机与学习质量有紧密的内在关联性，相互影响。强烈的学习动机是获得较高学习质量的保障，而良好的学习质量又可以增强学生的自信心和成就感，促使其保持强烈的学习动机。如果学习过程中仅有强烈的学习动机，而不注重学习质量的提升，这样的学习必定是无效的、失败的；如果学习过程中仅有较高的学习质量，而无强烈的学习动机，这样的学习将会是枯燥乏味的，久而久之必定会使学习质量逐渐下降。其次，学习动机和学习质量之间相对独立，各自发挥自身的作用和影响。任何事物都有其自身特征和独特属性，学习动机和学习质量也不例外，二者在学习过程中扮演着各自不同的角色。学习动机在学习过程中起激发和促进作用，使学生对学习产生一种强烈的兴趣，促使其积极主动地投入到学习之中；学习质量在学习过程中起到的是检验和反馈作用，让学生时刻掌握自己的学习情况，清楚对于一种学习方法应当坚持还是改变。

1. 学习动机是学习质量提升的保障源

动机是人的主观能动性的表现，诸多事情的发生和开展均是在动机的推动下进行的，学习活动也不例外。可以说，所有学习活动均始于动机，学生只有在学习动机的驱使下才会积极地投入学习活动。正因如此，学习动机的强弱就会直接决定学生的学习态度和学习积极性，并影响到最终的

[①] 刘志芬：《高职学生学习动机现状研究》，《开封教育学院学报》，2012（12）：63-65。

学习效果和学习质量。俗话说，好的开始是成功的一半。学习动机对于学习质量而言，既是一个前提，又是一项基础，更是一种保障，是使其获致提升的重要保障源。作为学习质量提升的保障源，学习动机需要时刻保持在一定的强度和水平上，让学习者时刻具备较强的学习积极性和投入热情。基于此，如何调动和维持学习者的学习动机就成为保障学习质量获得提升的重中之重。学习动机的强弱始终受到一定因素的影响，这些影响因素既有每个人所独具的认知能力、自我效能感和自尊，又有对每个人始终产生影响的家庭、学校和社会等。只有将这些相关影响因素统合成一种合力，才可以保证学习动机始终保持在较高水平，为学习质量的提升提供保障和源源不断的动力。

2. 学习质量是学习动机强化的助推器

作为一个学习过程的结尾，学习质量为其提供反馈，利用学习结果的反馈信息，给予适当的评定，妥善地进行奖惩，[①] 促进学习者对该学习过程进行反思。根据学习质量的好坏，学习者可以直观而清晰地了解自己某一阶段的学习效果，并根据学习效果来适当地调整学习动机。通过反思，学习者能够更加明了在学习过程中需要何时对哪方面的学习内容给予更强的学习动机，进而推动学习动机的强化。然而，要很好地发挥学习质量作为学习动机强化的助推器功能，最重要的是要加强和提升学习者的反思能力。也就是说，在每一个学习过程结束之后，学习者通过对照自己的预期目标，观察学习质量是否达到了先期的期望值，反思有哪些方面是值得继续坚持的，有哪些方面是需要做出调整和改变的。长此以往，学习者便可以逐渐形成较强的学习反思能力。除此之外，老师也应经常督促并监督学生对学习质量做出反思，并使其养成反思意识和反思习惯，最终在这种内外合力的作用下，学习者将逐渐养成良好的反思能力，进而为学习动机的强化增加源源不断的动力。

3. 学习动机和学习质量之相对独立性

学习动机与学习质量之间存在着非常紧密的互动性，但二者同时又具有相对的独立性。抛开二者之间的相互作用与影响关系，它们亦分别会受到不同因素的影响或制约。对学习动机而言，它的强弱不但会受到学习质

---

① 李凤香：《关于中职学生学习动机及其成因的调查》，《职教论坛》，2011（17）：110 - 112。

量的影响，而且会受到其他因素的影响，如学习者的认知和知识基础、教师的教育与引导、学校环境的影响等。学习动机在形成和维持的时候，会受到各种因素的综合影响，令其强弱始终处于一种动态的发展变化之中。对学习质量而言，它的好坏既受到学习动机的影响，亦受到其他因素的影响，如学习者的学习态度、教师的教学质量、学校学风的建设等。学生的学习质量能否达到原本的期望值，取决于各种综合因素的影响，唯有在一种合力的作用下，方能达到甚至超越学习质量原本的期望值。

（二）学习动机对学习质量评价体系的影响

学习动机对学习效果起着决定性的作用，没有动机，很难有良好的学习效果。[①] 通常，学生的学习动机越强，其越渴望获得学习质量的提升。正是在这一心理动因的促动下，学生会不断审视和反思自身在学习质量五大表征维度中的优势与不足，细心体会与总结自身在学习质量评价体系指标中的得与失，从而对应每一个细小的观测点来提升自身的能力。将自身强烈的学习动机放置于这种由宏观表征、中观指标与微观观测点所构成的"三维立体"评价体系之中，使自身的学习动机找到合适的发力点，做到有的放矢，而不是"有力乱使"或"有力无处使"。要想提升学习质量，首要之事便是培养和激发学习动机。在学习质量提升的评价体系中，学习动机起到的作用全面而又重要，它关涉评价体系的方方面面，其影响不容忽视。

四、自我效能感理论视域下中职生学习质量评价指标

考虑到中等职业教育的教学目标以操作技能的熟练掌握为主、基础理论知识学习为辅，而大多数中职生具有良好的动手操作潜能，作者在先前思考的基础上，还期望基于自我效能感理论构建中职生学习质量评价体系，用以帮助中职生重拾学习自信心，激发中职生的内在学习潜力，引导中职生树立合理的学习目标，促进中职生完成学习任务，进而提高中职生的学习质量。

[①] 周龙军：《对中职学生学习状况的调查与分析》，《中国职业技术教育》，2003（10）：8-9。

(一) 自我效能感理论的内涵与要素

1. 自我效能感理论的内涵

自我效能感概念于1977年由美国著名心理学家班杜拉在其著作《自我效能：关于行为变化的综合理论》中最先提出，它是指"人们对自身能否利用所拥有的技能去完成某项工作行为的自信程度"[①]。自我效能感主要研究的是个体效能，用以解释个体的行为。后经大量实证研究，自我效能感理论得到不断丰富和发展。班杜拉于20世纪80年代进一步拓展了自我效能感理论的内涵："集体对组织和实施达到一定成就水平所需行为过程的联合能力的共同信念。"[②] 主要研究的是集体效能，用以解释群体和团体的行为。对集体效能的研究是基于个体效能理论的基础上构建类似集体效能理论，而并不简单地是个体效能的总和。自我效能感概念自从被提出后，心理学、社会学和组织行为学领域的诸多专家学者也加入了研究的行列，提出的见解可谓见仁见智，但其核心都是围绕个体能力的自主评价展开，具有相近性。但在这里，自我效能感主要以个体效能为基准，狭义上是指中职生对自己在特定的教学情境中能否完成某项具体学习任务的自信程度；广义上泛指中职生对自己能否拥有能力顺利完成学业成为社会企业职业岗位人才的主观臆测和判断。

2. 自我效能感理论的要素

班杜拉等人的研究指出，成败经验、替代性经验、言语劝说、情绪反应、生理状态、情境条件等是影响自我效能感形成的要素。具体而言，一是成败经验对自我效能感的影响最大，但是要受归因方式的左右。个体将成功经验归因于内部可控的因素则会提高自我效能感，如果将成功经验归因于外部不可控的因素则不会增强自我效能感；将失败归因于内部可控的因素不一定会降低自我效能感，反复地失败则会降低自我效能感。二是个体通过观察与自己情况类似的典型榜样的行为而获得的间接经验能够对自我效能感产生重要的影响。当看到榜样成功时，则能够增强个体完成任务的自信心，进而导致自我效能感增强；当看到榜样失败时，尤其是在付出

[①] Bandura, A. self-efficacy: T oward a unifying theory of behavior change. Psychological Review, 1977 (84): 191-215.

[②] Bandura, A. Self-efficacy: The exercise of control. New York: W. H. Freeman and Company, 1997: 477-524.

了大量的心血后,必然会使个体的自我效能感严重降低。三是基于直接或替代性经验基础之上切合实际的言语劝说能够在一定程度上增强个体的自我效能感,而缺乏事实基础的言语劝说对个体的自我效能感增强几乎无影响。此外,言语劝说主体的威望、地位、影响力对自我效能感的增强也具有重要的影响。四是个体在面临某项活动任务时的从容状态、冷静应对和心情舒畅等心身反应过程也会促进个体行为及其功能的正常发挥,可能会增强自我效能感。个体在面临某项活动任务时的应急状态、焦虑反应和抑郁程度等心身反应过程一定会影响个体行为及其功能的发挥,进而降低自我效能感。五是个体对不同的环境产生的自我效能感不一样,面对熟悉适宜和足以掌控的情境会增强自我效能感;面对难以适应和控制的情境会降低自我效能感。

自我效能感的高低同样会影响个体对行为的坚持和选择,影响个体面对困难的态度,影响个体的情绪反应,影响新行为的获得和习得行为的表现。也就是说,当个体获得一定程度的知识和技能后,自我效能感水平对个体的行为起着决定性的作用。

(二) 自我效能感影响学习质量的因素

1. 成效——学习质量之物化推力

由于大多数中职生入学前的学习水平在原班集体中处于后进位置,长期的失败经验导致中职生对学习缺乏自信心,故中职生的自我效能感水平普遍偏低。中职生在入学后面对新的教师、同学、环境等学习条件,心中充满重新开始的向往,期望通过自身的努力使学习水平有所提高,并且得到老师、父母、同学的赞赏,此时中职生的自我效能感会有所增强。成效是学习动机持续激发的源驱力,当中职生经过自身一段时间的努力学习取得一定成效时,自我效能感会得到明显增强,进而激发中职生的学习动机,促进中职生投入更多的精力去努力学习,并逐渐摒弃以往的失败经验所带来的挫败感;当中职生经过长时间的努力仍然无法取得成效时,自我效能感会依旧偏低,自卑心理和挫败感油然而生,从而导致其继续沿袭初中(高中)阶段堕落的学习状态进行学习,整天无所事事,混沌度日,对未来不抱任何希望。

要让大多数中职生的学习取得成效,自我效能感水平能够有所提高,进而使学习质量得到有效改善,不但需要学校根据中职生的特殊性制订相应的人才培养方案,设置合理的培养目标,而且还需要教师在教学过程中根据培养目标的要求和教学内容的实际布置难度适宜的学习任务，还需要中职生自觉监控自己的学习过程，坚持不懈。

2. 体验——学习质量之心境引力

从某些方面来说，一些中职生勤勉读书都是源于父母的期待、教师的鞭策、榜样的激励以及社会学习环境的熏陶等原因，出于自己意愿喜欢读书的中职生为数不多。大多数中职生入学前的学习成绩普遍较差，他们基本上都不喜欢读书，认为学习活动枯燥乏味，毫无乐趣。然而，研究表明，积极体验是维持学习活动的内驱力，当中职生在完成具体学习任务的过程中体验到学习的乐趣或受到教师中肯的鼓励或表扬时，其自我效能感会明显提高，从而激发自己进一步学习的兴趣；当看到平时与自己学习水平相当的同学取得很大进步时，感同身受，其自我效能感也能得到明显增强，少部分积极上进的中职生会以此为榜样并自觉付诸学习行动，以期通过自身努力使自己的学习水平也能够得到同样的提升；当中职生对学习活动持续处于漠然状态，经过尝试潜心学习仍然体会不到学习过程的成就感时，或继续受到教师、同学的轻视时，其自我效能感就会明显降低，从而导致中职生不会积极主动地参与学习过程，久而久之，他们将对学习缺乏自觉性和主动性。

要增强中职生的自我效能感，激发中职生的学习兴趣，促进中职生持续不断地努力学习，进而提升中职生的学习质量，首先需要教师在教学过程中通过采取多元化的教学方式，营造轻松和谐的教学氛围，尽量让学生体会到学习的乐趣；其次需要中职生选择与自己各方面情况相近的榜样，以激励自我。

3. 心境——学习质量之偶触闪力

心境是一种微弱、平静而持久的情感，是唤醒言行和情绪的渲染状态，积极良好的心境可以使人提高学习和工作效率，拥有挑战困难的勇气和决心，进而保持身心健康；消极不良的心境会让人意志消沉，害怕面对困难，畏缩不前，无法正常学习和工作。心境受生活中的逆境和顺境、学习成败、人际关系融洽和谐度、身心健康状况等主客观因素的影响。由于中职生学科基础知识比较薄弱，中职生入学前在原先以学习成绩排名论优劣的班集体中常常处于被忽略的地位，而年纪尚轻的他们又处于青春期，各方面条件都还不成熟，自尊心和自信心易受打击，从而导致意志消沉，学习投入亦步亦趋甚至止步不前。入学后，大多数中职生各方面基本上都处于同一水平，心境恢复平和。当处于学习氛围浓厚的班集体中时，良好的师生关系、生生关系,轻松活跃的学习气氛,能够让中职生产生积极良好的心境,增强自我效能感,唤醒中职生重新开始学习的意识;中职生处于学习氛围涣散的班集体中时,容易产生消极不良的心境,进而降低自我效能感,甚至放任自流。

为了让中职生保持积极良好的心境,增强自我效能感,提高学习质量,教师要为中职生构建团结互助的班集体,营造轻松愉悦的学习氛围,无条件积极关注中职生的身心健康,保障中职生积极、健康、快乐地成长。

(三) 自我效能感作用下的学习质量评价体系

当前职业院校普遍实施"工学结合、校企合作、顶岗实习"的人才培养模式,大多数中等职业学校也效仿"2+1"的人才培养模式,即前 2 年在校学习,第 3 年在企业顶岗实习。这种教学模式旨在培养学生具备夯实的基础理论知识、娴熟的专业实践操作技能和可持续发展能力。鉴于自我效能感对中职生学习质量的重要影响,这里基于自我效能感理论从理论知识、实践技能、可持续发展能力三大角度构建中职生学习质量评价体系,具体如图 7-1 所示。

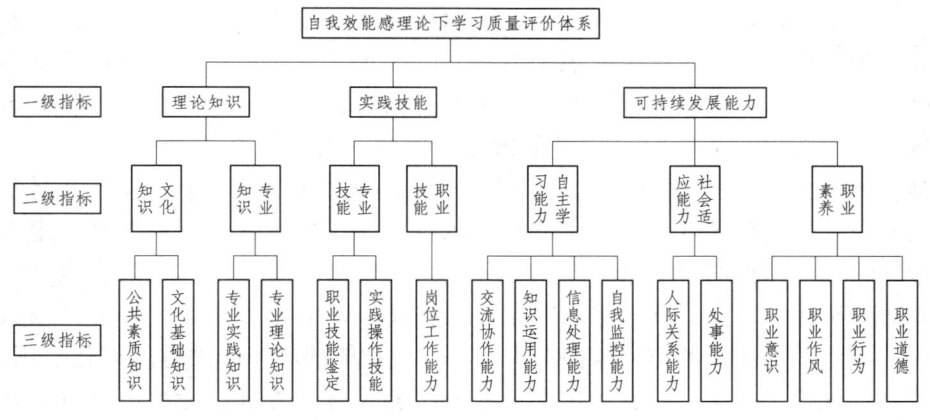

图 7-1 自我效能感理论下学习质量评价体系

1. 理论知识学习之质量评价

理论是实践的先导,扎实的理论知识对实践技能的熟练掌握具有重要的导向作用。理论知识主要涵盖文化知识和专业知识两大类。目前,大多数中等职业学校对理论知识学习的评价依然采取以考试为主的评价方式,将期末考试成绩作为主要评价指标,偏重对中职生学业成绩的评价,结果难以体现中职生的实际学习效果。为了增强中职生的自我效能感水平,帮助中职生重拾学习自信心,激发其学习兴趣和学习动机,中职生的理论知识学习质量评价应该根据中职生的实际情况从文化知识和专业知识两大内容进行有针对性的改革和创新。

  一是文化知识。文化知识主要包括文化基础知识和公共素质知识。中职生学习的文化基础知识主要包括语文、数学、外语,公共素质知识主要包括计算机、普通话、体育,其有别于普通教育的文化知识,其只是为专业知识的学习和职业技能的养成奠定基础。大多数中职生对文化基础知识的掌握具有畏难和失望情绪,为了疏导学生的心理,重建学生的信心和兴趣,应该采取激励性和实用性相结合的原则、过程性和终结性相结合的评价方法对中职生文化基础知识的掌握情况进行评价。终结性评价主要采用纸笔测试,测试内容以必须、实用、够用为原则,重点关注文化基础知识在专业知识领域的应用;过程性评价尽可能以鼓励、表扬为原则,评价方式以师生互动、学生互动式评价为主。公共素质知识旨在培养中职生在学习、生活和工作中所需的基本素质,侧重于对知识的基本运用。为此,应采取多元化的过程性评价方式,如计算机可采取任务式评价,普通话可采取面试式评价,体育可采取工具式评价。

  二是专业知识。专业知识的牢固掌握是实践技能学习的重要基础。专业知识主要包括专业理论知识和专业实践知识。专业理论知识是指概括性强、抽象度高的专业知识体系,涉及专业概念、系统原理、运行机制等系统的抽象知识;专业实践知识是指应用性强、操作度高的专业知识体系,涉及操作方法、操作步骤和技术要求等系统操作知识。鉴于中职生学科基础知识水平的薄弱性,应尽量根据中职生对知识的实际掌握情况来拟定专业理论知识考核内容的难易度和区分度,合理制定考核内容与课堂表现的比重,确保中职生综合成绩有一定的合格率,让大多数中职生体会到成就感。专业实践知识的牢固掌握对中职生实践技能的学习起关键的催化作用,终结性评价必须采取闭卷考试和技能考核相结合的方式,考核内容以实践技能操作方法、步骤和技术要求等实用性强、可操作性大的内容为主;过程性评价除了关注中职生的平时作业成绩和平时考勤,还需充分考虑中职生课堂上的学习态度、学习合作精神等主体性表现行为在整个评价指标中的比重。

  2. 实践技能学习之质量评价

  实践技能是中职生适应社会和满足企业职业岗位需求的核心能力,对中职生实践技能的培养需要学校和企业的共同参与。实践技能主要体现为专业技能和职业技能两大层面。当前，中职生实践技能学习主要通过校内实训平台和校外顶岗实习来完成，大多数中等职业学校设立的校内实训平台成为验证专业实践知识的工具，只重视中职生的实践操作步骤和结果，缺乏具体的评价指标衡量实训效果，难以反映中职生在实训过程中的合作能力、创新能力和实践能力；中职生在校外顶岗实习的过程中，通过定期完成企业职业岗位的具体任务作为实习成果，缺乏具体的职业岗位评价指标，难以反映中职生对实践技能的掌握程度。为了更加客观、合理、全面地评价中职生的实践技能水平，同时也为了增强中职生的自我效能感水平，对中职生的实践技能学习质量评价应该从专业技能和职业技能两方面进行改革和创新。

一是专业技能。专业技能主要是指中职生在基于系统化专业知识学习的基础上通过反复训练而具备从事某种职业或生产劳动所需的技术知识和操作能力。专业技能的掌握情况主要从专业操作技能和职业资格鉴定两个方面体现出来。专业操作技能是在综合练习各项单项技能的基础上掌握操作环节的操作要领而形成的。中职生专业操作能力的培养主要于校内实训平台和课堂实验中完成，故对中职生专业操作技能水平的评价应该以教师评价、学生自评、小组评价为主，评价内容应充分考虑技能操作方法、速度、准确性、规范性和技术要领等因素。为了让评价更具有可操作性，同时激发中职生的学习积极性，应该基于此建立具体项目任务评价指标，在基于现场观察的基础上，采取考核评分与考核评语相结合的评价方式，对表现积极的中职生、合作氛围浓的小组可酌情加分。职业技能鉴定是由国家人力资源和社会保障部主管的各省、市职业技能鉴定中心对劳动者从事某种职业所需的专业知识和专业操作技能做出的客观测量和评价，专业知识测试主要采取笔试（闭卷），专业操作技能考核主要采取现场操作加工典型工件、生产作业项目、模拟操作等操作方式。中职生毕业生有资格参加初级鉴定，通过努力能否获得与专业相关的初级职业资格证书是衡量其专业技能水平的一个重要指标。

二是职业技能。职业技能主要是指中职生面向职业工作岗位时所需具备的技术和能力。职业技能是胜任某种职业工作岗位任务的必要条件。中职生具备良好的职业技能是实现顺利就业的前提条件。中职生的职业技能需要在实践工作中不断磨炼才能得到持续发展、提升和强化。中职生对职业技能的掌握情况主要体现为岗位工作能力方面。岗位工作能力主要是指中职生在所从事的职位或工作岗位上所表现出来的实际操作能力。考虑到中职生岗位工作能力的培养主要于顶岗实习阶段完成,因此对中职生岗位工作能力的评价需要学校教师、学生、企业管理人员共同组成评价主体,评价内容也应该涉及岗位工作流程和操作规范的掌握程度、岗位任务的完成数量和质量等范畴。为了更好地发挥中职生顶岗实习的积极性,让中职生在完成岗位工作任务的过程中真正体验到实现自我价值的成就感,企业应该充分根据中职生平时的在校表现、学习成绩、职业资格证书、个人职业能力测评结果等综合因素,合理安排中职生的在岗实践任务。

3. 可持续发展能力之质量评价

可持续发展能力是中职生在掌握扎实的理论知识和娴熟的实践技能的过程中内化而成的,具有持续性、动态性、发展性等特征。可持续发展能力对于中职生适应当前职业岗位的需求,乃至日后继续深造都具有重要影响和非凡意义。可持续发展能力在具体职业活动中主要体现为自主学习能力、社会适应能力和职业素养三个方面。

一是自主学习能力。自主学习能力是中职生自身获得持续发展的条件和依托。中职生的自主学习能力主要包括自我监控能力、信息处理能力、知识运用能力和交流协作能力。其中自我监控能力是核心关键,主要是指中职生在学习期间为了提高学习质量,自主地对学习活动进行自觉计划、监察、评价、反馈、控制和调节的过程;信息处理能力主要是指中职生对专业资源和前沿信息的收集整理、选择过滤、归纳分析和有效利用的能力;知识运用能力主要是指中职生运用所学的专业知识提升综合实践活动成效的能力;交流协作能力主要是指中职生在学习过程中与教师、同学、之间相互沟通交流、互助合作的基础上获取新知的能力。[①] 中职生自主学习能力的培养贯穿于其整个学习和生活的过程中,需要教师、家长的共同引导和督促,以及中职生自身的主观努力来加以保障,也就是说,其评价内容应该从中职生日常学习、生活过程中对学习活动的自我节制程度、信息收集量、动手实践表现、交流合作情况等方面来加以展开。为了增强中职生的自我效能感,教师和家长需要对中职生的自主学习活动给予积极引导和肯定评价,进而帮助中职生在自我和他人的肯定中不断进步。

二是社会适应能力。社会适应能力是中职生自身获得持续发展的软实力。社会适应能力主要是指中职生在顶岗实习和正式步入职场后的职业岗

---

① 艾文娟:《中职生自主学习能力问题与对策研究》,西南大学硕士论文,2013:15-18。

位适应能力、对社会环境的适应能力、对社会规范与规则的遵守能力。[①] 社会适应能力是中职生综合素质高低的间接表现，它主要从处事能力、人际关系能力两个方面体现出来。处事能力主要是指中职生在学习、工作、生活中面对具体任务时的镇定、冷静、客观、谦虚，以及坦诚的做事态度，面对疑难问题时的逆向思维能力、换位思考能力和心理承受能力。人际关系能力主要是指中职生在学习、工作、生活中能够妥善处理各种关系的能力。中职生社会适应能力的培养与其自身的性格，生活、学习和工作环境，教育背景有莫大的关联，对中职生社会适应能力的评价需要采取自评与他评（家长、教师、同学、企业管理人员、同事等）、社会适应能力量表测试与他人平时观察相结合的方式，评价内容应该充分考虑做事态度、做事方式、与周边人的人际关系融洽度等因素。为了增强中职生的自我效能感水平，在中职生平时学习、生活和工作的过程中，教师、家长和企业管理人员等人应尽可能营造轻松、和谐的环境，潜移默化地向中职生以身示范做事的态度和方式，并以宽容的心态评价中职生的社会适应能力。

三是职业素养。职业素养是中职生自身获得持续发展的根基。职业素养主要是指中职生在职业岗位工作过程中表现出来的综合品质，具体包括职业道德、职业行为、职业作风和职业意识等方面。中职生的职业素养在职业岗位工作中体现为独立性、责任心、敬业精神、合作态度、职业操守等多方面。良好的职业素养是中职生事业成功的基础，也是企业招聘员工的核心条件。中职生职业素养的培养需要企业和学校的联合培养，需要开设课程向学生传递职业教育和实际的职业指导，需要向学生宣传企业文化，需要对学生进行入职培训和职业素质拓展训练等。因此，对中职生职业素养的评价应该由学生、企业家、学校教师共同组成评价主体，评价内容应该针对中职生在学习、工作过程中的独立性、责任心、敬业精神、合作态度、职业操守、道德修养、抗压能力、抗挫折能力等方面因素。为了增强中职生的自我效能感水平，使中职生产生积极良好的心境，评价过程中应充分考虑影响中职生职业素养的其他相关因素，如性格特点、教育背景、家庭环境、工作经历等因素，借以客观、全面地评价中职生的职业素养。

总之，学习质量评价对教学工作具有导向性作用，做好中职生学习质量评价是中等职业教育实现与社会企业职业岗位接轨的桥梁。中职生学习

---

① 肖兆飞：《职业院校学生可持续发展能力维度构建及培养思考》，《职教论坛》，2013（11）：8。

质量的涵盖内容主要包括理论知识、实践技能和可持续发展能力，不同的学习内容需要采取不同的评价目标、评价主体、评价内容和评价方式。本部分所构建的学习质量评价体系，有利于中职生牢固掌握相应的知识和技能，提高职业岗位适应能力，为其日后自身持续地发展奠定坚实的基础。

第八部分　归因与路径：中职生学习动机增强的路径研究

"十二五"以及未来一段时期，是贵州经济结构调整、产业结构转型、实现经济社会发展的历史性跨越、加速全面建设小康社会的机遇期。通过加快现代中等职业技术教育，可将巨大的人口资源优势转化为人力资源优势，即一线技术工人和现代服务业人员，从而为贵州工业化、城镇化、农业现代化进程提供足够的智力支撑，进而全面落实加速发展、加快转型、推动跨越的历史性任务。自《省人民政府关于实施教育"9+3"计划的意见》（黔府发〔2013〕1号）发出以来，贵州中等职业教育蓬勃发展，政府及社会各界对中职教育基础建设投入力度不断加大，中职学生入学人数大幅增加。与此同时，中职生学习动机不足、学习质量不高的问题却一直没有得到有效解决。研究表明，学习质量高低是人才培养中的关键问题，动机与学习质量有着密切的关系。下面将立足于贵州"9+3"计划（以下简称"9+3"计划）实施这一背景，分析中职生学习动机普遍欠佳的原因，并着重讨论中职生学习动机增强的有效路径。

一、中职生学习动机增强的重要意义

教育规模与教育质量并没有直接关系，政府及社会各界对中职学校的财力、物力投入只能说为中职生的学习质量提供了有力的物质保障。中职学校学生学习动机亟待激发，学习质量需要提升是无须争论的事实。"9+3"计划背景下增强中职生学习动机、保证学习质量，为社会输送合格技术工人和服务人员，是贵州从人口大省转变为人力资源强省、把握机遇、实现跨越式发展的关键一步。

（一）相对较高的学习动机是中职生学习质量提升的内在保障

根据耶克斯—道德森定律，动机与工作效率之间呈倒U型曲线，即动机处于中等水平时，工作效率最高。目前中职学校中绝大多数都是成绩较差、无心学习的学生,学习动机水平整体偏低,因此适当的动机水平相对中职生而言就是较高的动机水平。影响学习质量提高的因素很多,但个体性因素占主导地位。一般来说,学习动机对学业绩效的影响,并不是直接地卷入认知的相互作用过程之中,也不是通过同化机制发生作用,而是通过加强努力、集中注意力和对学习的立即准备去影响认知的相互作用过程,犹如"催化剂"产生间接的增强与促进的效果。① 实践经验和相关研究证明,学生学习成绩不佳的原因之一,往往在于学生没有养成良好的注意习惯,而注意范围狭窄、不稳定,往往是由于学习动机未得到充分发挥。动机对学习的促进作用主要就是以注意的加强、思维积极性的提高为中介的。② 所以,相对较高的学习动机水平是中职生学习质量的内在保障。

(二) 学习质量提高是"9+3"计划"3"深化发展的必然要求

"9+3"计划对贵州社会发展的意义重大。对于"9"年义务教育而言,该计划的目的是巩固和提高。对于现代中等职业教育的发展而言,这不仅是个良好的开端,而且是一个量的积累过程。为保证计划的贯彻落实,2013年3月出台的《贵州省教育"9+3"计划实施方案》(黔府办发〔2013〕18号)中,"3"即中等职业教育的重点工作包括加快中等职业学校建设、优化中等职业学校专业结构和加强教师队伍建设三大方面。其中,加快中等职业学校建设又具体可从五个方面进行部署,分别是:实施中等职业教育"百校大战";合理布局中等职业学校;扩大中等职业学校办学规模;加强技工学校建设;鼓励和支持社会力量办学。从这些内容可以看出,由于中职教育历史欠账过多,基础薄弱,政府在三年计划期之内主要是想先解决中职教育"量"上的问题,同时兼顾"质"的提高,也就是让更多的初中毕业生先有书读,尽量做到教育机会公平。待中职教育的整体规模和硬件设施达到一定程度后,下一步必然将着重解决"质"的问题,即如何提升中职生的学习质量的问题。2015年是"9+3"计划实施的最后一年,但该计划设计之初的根本目的还远未达到。为此,中职范畴内教育工作者和理论研究者理应顺势而上,将如何增强中职生学习动机、如何保

---

① 李炳煌:《学业动机与学业绩效关系综述》,《湘潭师范学院学报(社会科学版)》,2005 (7):146-149。
② 沈德立:《高效率学习的心理学研究》,教育科学出版社2006年版,第243页。

证中职教育学习质量作为进一步思考的核心问题。

二、中职生学习动机欠佳原由分析

中职生学习动机问题由来已久。"9＋3"计划实施后，连同其他已经实施中职教育免费的各省市，未见有具体的研究表明中职生学习动机有了明显的提高。为此，下面将从中职教育的相关政策、学生自身与家族、中职学校三大层次来探析教育"9＋3"计划背景下中职学生学习动机依然欠佳的原因。

（一）职教政策的不完善促使"中职"成为无奈的选择

我国职业教育起步晚，在政策上尚存在许多不完善的地方，突出表现于职业教育体系的不完善。目前，我国职业教育体系存在层次缺失、中高职定位不清、阶段不完整、纵向缺乏衔接、横向缺乏融通、职前职后难以一体化、开放程度不够、技师学院处境尴尬等问题。从纵向衔接来考察，当前职业教育体系还未能实现纵向的顺畅流动。[①] 由于纵向缺乏沟通，中职毕业生的升学机会很小。从客观上看，中职生毕业后的选择空间十分狭窄。具体来说，若选择就业，岗位层次低、收入少；若选择升学，进入高等教育学府深造的机会远远小于普通高中生升入高校的机会，即使深造，也只能进入高职专科院校学习，不得直接进入本科院校学习。因此，中职教育就成为一种名副其实的"断头教育"。在社会对劳动者受教育程度的要求日益提高的情况下，中职教育的终结性局面成为很多农村学子的终生遗憾。[②]

免费及其他优惠政策的吸引力有限。正因为如此，教育"9＋3"计划中突出的中职生免学费及高比例的助学金政策，主要是为了吸引学业成绩较差、家境不富裕的农村青少年进入中职学校来就读，同时这也有效地防止了这部分生源的流失。但对于成绩优良的初中毕业生而言，这些基本不具有吸引力。有研究表明，只有我国农村经济能够获得持续发展，农户在家庭教育决策中就会越发单纯地考虑子女的学习成绩而不是其他经济因素，

---

① 关晶、石伟平：《我国职业教育体系存在的问题及其完善对策》，《职业技术教育》，2012（7）：5－9。

② 阳耀芳：《我国农村中职学校招生问题的破解对策》，《安徽农业科学》，2011（24）。

因而只要我国农村义务教育质量能够获得持续提升,农户子女的"学习成绩"必将持续提高,届时农户在家庭教育决策中对助学金政策的反应就会越来越弱,甚至对助学金政策所提供的经济恩惠也无动于衷。① 另外,教育"9+3"计划中的按比例分流政策也使一些原本想读普通高中的学生被迫进入中职学校。因此,对于初中毕业生而言,进入中职学校往往是其无奈的选择。

(二) 家庭教育及个人诸多消极因素影响中职生的学业成就

中职学生以往的学业失败与家庭教育中消极的主观因素密切相关。诸如家庭类型、家庭社会经济地位这些相对稳定的、难以改变的客观性环境因素并不会对学生的学业成绩产生直接的影响;而诸如家长教养方式、教育期望和家庭文化氛围等相对可以改变的主观性变量,则很可能会对学生的学业成绩产生直接的、重要的影响。②

根据笔者与多位中职学生及部分家长的交谈及深入当地的调查发现,中职学生家庭教育中普遍存在一些消极的主观性因素,这对中职学生学业成就可能产生诸多负面影响,并且这种影响是漫长而持久的。第一,不仅绝大部分中职学生都有留守的经历(50%以上的中职学生有双留守的经历),而且隔代教育的现象非常普遍,祖父母在照顾他们的同时,往往同时兼顾照顾多个孙子(女),并且还需做农活,因此,家长或监护人提供的主要是物质生活保证。第二,一些家长对教育含义的理解有偏颇,教育方式简单粗暴。多数家长认为重视教育就是抓学习,可由于自己的文化程度低,他们认为抓学习的唯一方式就是要关注孩子的考试成绩,看见孩子的成绩好可能给予奖励,而孩子成绩不理想时,一般采取的方式就是直接的、粗暴的打或骂,不询问,不分析原因。第三,对子女的情感需求关注较少。许多家长平时忙于生计,不肯花时间与子女沟通感情,面对子女的负面情绪,大多数情况下是予以否定的,认为是"孩子性格怪、脾气差"。第四,对子女的成就期望值较低。由于农民工待遇的不断提高以及大学生就业困难等问题,子女成绩不好时,很多家长不愿多花精力和时间继续投资孩子的学业。还有部分家长自知不在孩子身边未尽到做父母的义务,心中愧疚,

---

① 王秋萍、陈胜祥:《农户对国家中职助学金政策的反应——基于江西、浙江的调查与比较》,《现代教育管理》,2010 (7): 87-90。
② 柳敏峰等:《家庭因素对中学生学业成绩影响的调查研究——以浙江省温州市为例》,《教育测量与评价》,2010 (3): 43-46。

在电话中的训斥流于形式，对子女成才几乎不抱希望。

多次考试失败会直接导致中职学生的学业自我概念普遍偏低，影响其今后的学习动机。学业自我概念是学习者对自己学业能力的一种自我觉知和自我评价。学业成就与学业自我概念相互影响。学业自我概念是在个人漫长的学习生涯中逐渐形成的，绝大部分中职生在过往"9"年的学校学习生活中，已经历过多次失败，因此，虽然他们也明白学习的重要性，也渴望成绩好，但在面对学习任务时常常出现较严重的畏难情绪，同时也不肯付出较大的努力来克服学习上的困难。学业自我概念低下的学生，其自我价值的保持是以损失有关新知识为代价的，这就是在中等职业学校的课堂上常常出现打瞌睡、开小差、讲话和顶撞老师等现象的原因。可以说，家庭教育中不利的主观因素是中职学生学习动机不足最重要的间接因素，个人以往的学业失败经历是中职学生学习动机不足最重要的直接因素。

（三）学校教育质量不高难以有效调动中职学生的学习热情

在实施教育"9+3"计划之前的很长一段时间里，虽然全国各地都在如火如荼地进行职业教育改革，但参与的单位主要是高职院校以及后来的地方本科院校。由于政府对中职学校投入不足等原因的影响，中等职业教育改革还始终停留在口号上，在西部欠发达地区如贵州的中职学校里，重招生轻教学、学籍管理混乱、专业规划与建设无序、理论与实践教学"两张皮"等现象十分普遍。在课程上突出表现在，理论课上知识的编排还是遵循学科逻辑，侧重于学科知识体系的完整性，教师的讲授方法中案例法用得较少，学生难以将理论与实际联系起来，学习兴趣不大。在实训课上，在实训条件满足课程要求的情况下，对于学生在实操过程中应进行的思考及反思这一点上，教师的指导也相对不足。

良好的师生关系是一切教育教学活动的基础，与普通高中教师相比，中职教师虽无升学压力，但学生管理上的压力巨大，导致教师们长期疲于应付学生在校园中发生的突发事件，再加上收入长期得不到有效改善，劳动成果难以得到科学体现和公正衡量，教师的职业倦怠较为严重，对教学上的有益探索既无心也无力。中职学校中师生关系紧张，突出表现为：一方面，中职教师普遍反映学生难以管教，已无计可施，职业倦怠较严重。另一方面，中职生渴望但又惧怕与教师交往，常有一种不被接纳的感受。可见，中职学校的教师及管理者虽然付出了大量辛苦的劳动，但由于缺少良好的师生关系，其组织的教育教学活动往往收不到预期的效果，师生关系进入恶性循环之中，即教师的职业倦怠感更重、学生的学业挫败感更强，师生之间越不信任。因此，在如此的师生关系中，学生的学习动机和学习质量势必会受到影响。

教育"9+3"计划中相关措施的实施效果尚不很明显。教育"9+3"计划中提出的实施中等职业教育"百校大战"，即重点建设115所中等职业学校等一系列有利于促进课程质量提高、加强教师培养的具体措施，尚处在实践探索阶段，良好作用的突出显现还需一段时间。也就是说，课程质量提高不可能一蹴而就，在教育"9+3"计划实施的三年时间内，要求中职教育质量特别是课程质量的大幅度提高也是不现实的。但总的来说，中职学校改革尚需深入，课程质量尚有待提高，教师职业倦怠较为严重，师生关系质量普遍不高，目前的中职学校教育基本上无法有效调动学生的学习热情。

可以这样说，许多由于家庭不利及个人因素造成学业失败的学生，在职业教育政策不完善的大环境下无奈地选择了中职教育。当他们集中到中职学校后，那些原本在其身上就存在的学习问题如学习兴趣不高、策略不足、意志力不强等问题，且中职学校也无法立即有效解决时，这些就成为中职教育中学生普遍的、突出的特点。

三、中职生学习动机增强的有效路径

教育"9+3"计划将中职教育的地位推到了前所未有的高度，社会对中职生学习质量问题的关注使其不必仅局限于学校之内去寻求解决方法。考虑到学习动机是学习质量的保障，在各方面合力推进中职教育发展的大好形势下，应当把对中职生学习动机的研究领域扩展至其生活的各个空间，将学习动机的提升与学校、教师、课内、课外、家庭以及政策等多方面因素联系起来，从宏观总体的角度讨论中职学生学习动机提升的有效途径。

（一）加大课外活动力度是增强中职生学习动机的突破口

中职学校可以通过开展丰富多样的课外活动，鼓励中职学生积极展示自我，培养自信心。中职学生常常因文化成绩不好而被全面否定，进而被边缘化，结果导致其在学校生活里体验不到存在感，形成不良的学业自我概念，进而产生严重的厌学情绪。中等职业学校应尽可能多地开展由师生共同参与的课外活动，从而让中职学生有机会在丰富多彩的活动中发挥自己的潜能，发现自我存在的价值，也让教师能多方面、多角度地发现学生的长处，在共同的活动中增进师生之间的相互了解，为建立良好的师生关系打下坚实的基础。[1]

丰富多彩的课外活动（包括竞赛）为中职学生提供了一个课堂之外展示自己优势和潜力的平台，通过活动来增加他们的自信，提高他们参与学校活动的热情，进而促使他们将这些正向的情感体验迁移到课内学习中来。中职学生在学业成绩及学业自我概念方面总体上弱于普高生，增强中职学生学业自我概念的突破口在于增强其非学业自我概念。增强非学业自我概念的目的在于"迁移"，把积极的非学业自我概念迁移到学业自我概念上，进而使各学科的自我概念逐渐变得积极起来，最后促使学生的学业成绩有新的提高。[2] 教师可在课外活动中进行指导，积极关注中职学生身上的闪光点，进而改善师生关系。例如，在举办专业竞赛活动时，可要求参赛作品必须经过指导老师审核通过后，才能正式参加比赛。同时，学生可在本专业教研室中任选指导老师。由教师把关，可有效提高学生创作或练习的质量。由学生选择教师，主动求教，既遵循了教学规律，也尊重了学生的意愿，还维护了教师的权威。与学生交往，与学生建立良好的关系，决不能看成是班主任一个人的事情，而应该当作是所有任课教师以及学校管理者的责任。每一项活动的举行，都应为教师积极创造与学生一对一交往的机会。因为在个体交往中，教师更易于放下权威，更有精力积极关注学生个体。所谓积极关注，就是以积极的态度看待学生，注意强调他们的长处，对学生言语和行为中积极、光明、正向的方面予以关注和肯定，从而使学生拥有积极的价值观，拥有改变自己的内在动力。由此，在个体交往中，学生也更能感受到教师对自己真切的关注和帮助，逐渐信任教师，并形成良好关系的"点"；教师可以以点带面，逐步与授课班级建立良好的师生关系。不过，在单独指导学生的过程中，教师应注意方式方法，一定要在肯定、鼓励的基础上，对学生的作品提出进一步的建议，这是因为活动竞赛的目的是为让同学们展示出自己的长处，在活动过程中获得参与的乐趣、更多的关注和肯定，通过活动使自己变得更加自信，进而在其他学习活动中发挥主动性。

---

[1] 何以建：《中职生与普高生自我概念的差异分析与思考》，《职业技术教育》，2013（1）：60-62。

[2] 赵敬：《学习动机与教学改进》，2010 Third International Conference on Education Technology and Training（ETT 2010），2010。

（二）微调助学金发放政策是增强中职生学习动机的杠杆点

目前的助学金发放政策中缺少激励机制。贵州省城镇化率低，中职学生中拥有农村户籍的占大多数，拥有非农户籍的学生也基本来自城镇贫困家庭，他们更容易出现学业不良的问题。自教育"9+3"计划实施以来，这些学生在免除学费的基础上还可申请国家助学金。在这些政策的帮助下，他们虽意识到应当珍惜学习机会，但其行为改变不明显，甚至有少部分学生依然漠视学业，多次无故旷课甚至缺考，或制造或参与恶性社会事件。其原因在于，助学金发放政策中缺乏激励机制。另外，根据《贵州省中等职业教育全面免除学费 进一步完善国家助学金制度实施方案》的规定，学校组织相关部门及班主任、任课教师、学生代表组成的评审组进行初审，将初审后的拟受助学生名单通过全国中等职业学校学生管理信息系统报主管部门审核后，学校将受助学生名单、举报电话在本校网站上公布。换句话说，只要学生达到方案中规定的资助条件，材料真实，即使学习态度或品行出现较为严重的问题，学校也没必要妨碍该生获得资助，即中职学校在参与助学金发放过程中的主动性发挥不足。

具体而言，一是按等次发放助学金，发放条件适度与成绩、品行挂钩。为发挥助学金发放的杠杆作用，可将某一集体的助学金在总量不变的情况下，分为几等，评定等次与成绩、品行挂钩，处于中间等次的人数占比应为多数，不同等次间的金额有一定差距即可。例如，将助学金分为三等，一、二、三等的比例分别为20%、60%、20%，相邻等次之间金额差为500元。可规定对于某一次期末考试中同时有几门不及格尤其是无故缺考的学生，或在校获得记过处分的学生等，只能享受末等助学金。

二是充分发挥中职学校参与的主动性，如可以给予其二次调配的权力。中职学校是助学金政策的间接受益者，也最清楚学生的学业和品性表现，但其在该项工作的具体实施过程中几乎未发挥作用。因此，地方主管部门可出台具有激励性的助学金发放细则，除此之外，还可对各中职学校上报的学生助学金申请材料进行筛选核实，然后划拨符合助学条件的学生的经费总额。然后，由中职学校依照助学金发放细则，综合考虑学生的学业及品行表现，分等次发放助学金。

当然，中职学校在助学金等次评定和发放的过程中，既要注意对中职生的学业和品行提出适度的要求，防止平均主义，又要着重考虑极度贫困家庭的实际情况，避免按成绩一刀切的工作方法。

（三）提高课堂参与程度是增强中职生学习动机的切入点

一般来说，如果学生感到不被人爱，或认为自己无能，他们就不可能有强烈的动机去实现较高的目标。[①] 中职课堂教学效率低的最直接原因就是绝大部分学生没有参与教学活动的信心，对于教师所讲的内容以及安排的任务总有一种畏惧心理，担心自己在课堂教学活动中能否胜任，害怕失败，从而表现为不愿也不知如何参与课堂活动。因此，要激发中职生的学习动机，首先要让他们愿意并能够参与到课堂活动中来，并从中体验到愉快的感受。研究表明，提高课堂参与程度的策略众多，在此特别强调以下两点：

一是营造安全的课堂心理气氛。教育"9+3"计划实施后，在教师待遇和教学条件等均得到了一定程度改善的同时，中职教师应加强心理学知识以及沟通技巧、行为管理能力等内容的学习和掌握，将关注点从知识掌握适当转移部分至情感关注，善于多角度发现学生身上的可取之处或点滴进步，并针对具体的言行及时给予肯定，谨慎使用批评或惩罚手段，积极营造安全和谐的课堂心理气氛。课堂教学中要使师生双方的意图、观点和情感联结起来，使教师传授的知识、提供的信息能引起学生强烈的求知欲望、积极的思维活动和强烈的内心体验，教师就必须增加情感投入，给知识、信息等内容附加情感色彩，借以实施情感性教学，以教师自身的情感体验营造良好和谐的课堂心理气氛。[②] 另外，可减少对学生课堂问题行为的关注与矫正，转而关注教师自身课堂教学艺术的修炼与完善，最终不断增强课堂教学的魅力，把学生吸引到课堂中，达到实现良好课堂管理的目的。

二是适当降低教材的难度。客观而言，中职学校现用的统编教材尽管有某些弊端，但它毕竟集中了省、地、市乃至全国众多专家学者、教师的力量，是集体智慧的结晶，且经过比较充分的论证，在选文、用例、练习、编排等方面，较之校本教材更具严密性、科学性、示范性和系统性。[③] 目前，中职统编教材种类越来越多，实用性、趣味性也在不断增加。但是，教材的整体难度对于贵州省的中职学生而言还是相对较高。教材编写还要考虑到中职学生的起点水平和现有基础。也就是说，教材的知识点及其难

[①] 赵敬：《学习动机与教学改进》，2010 Third International Conference on Education Technology and Training（ETT 2010），2010。

[②] 徐小兵：《课堂心理气氛与激发学生积极性》，《中国教育学刊》，2008（9）：70。

[③] 蔡伟：《校本教材的建设与思考》，《教育研究》，2006（2）：90-92.

度不但要与学生当前的文化基础水平相适应，还应有利于中职学生的能力培养、职业素养形成和职业生涯的发展。① 因此，在尚不具备雄厚的校本教材开发能力时，省内中职学校的专业课及公共课老师可在选用统编教材的基础上，根据当地中职学生的接受能力，结合其生活和生产实践条件，有针对性地对教材进行删减、组合，将学习内容设置在"最近发展区"内，借以减轻中职学生对学习任务的"恐惧感"，使之愿意参与课堂学习活动中来，最终能真正体验到学习过程中的愉悦。

（四）增加职业教育吸引力是增强中职生学习动机的根本出路

职业教育吸引力可以理解为一种态势，它源自高质量的职业教育对社会需求和个人需求的满足，并表现为社会对它的认可以及家长和学生对它的优先选择。② 当前中职学生的学习动机普遍不强、学习质量大多较低这一现象背后的深层原因是中职教育吸引力不足。

石伟平等学者认为，提升职业教育的吸引力，不能仅局限于学生学费的减免和补助金的发放，还应注重学生职业能力的获得和职业生涯的发展；不能只是从教育行政部门和职业院校角度自说自话，而应基于学生、家长和企业的共同选择；不应只注重短期效果，而应着眼于职业教育体系的科学建构和职业教育的可持续发展。③

增强中职教育吸引力，第一，要改变中职教育即"断头教育"的发展格局，建立现代职业教育体系。然而，完善现代职教体系工程浩大，对中职教育而言，先要打通中职教育到本科教育的通道，同时不断拓宽中职升入高职、本科的通道，借以搭建职业院校学生学习提升的多维立体式通道，从而满足中职学生自我实现、自我提高的需求。除此之外，还应根据不同地区的条件和需求制定合理的中高职对口升学政策，逐渐增加中高职对口升学比例。第二，在此过程中，要不断及时地通过各种大众媒体向社会公众告知改革进度，公布具体的招生比例，并与普通高中相对比，借以加速改变民众对中职教育的不良印象，让现有的中职学生看到向前发展的巨大可能性，并有力地吸引到新一批初中毕业生中的优质生源。第三，一方面，

---

① 薇晓阳：《刍议中职教材便携模式的改革创新》，《中国职业技术教育》，2012（23）：81 - 83。

② 刘义国：《以学生发展为中心　构建职业教育吸引力》，《中国职业技术教育》，2010（4）：68 - 69。

③ 石伟平、唐智彬：《增强职业教育吸引力：问题与对策》，《教育发展研究》，2009（11）：20 - 24。

中等职业学校要建立健全就业指导机构,加强与用人单位的沟通与联系;另一方面,相关职能部门应加强劳动力市场建设力度,不断充实劳动力市场供求信息,对各类就业中介机构实行劳动准入制度,逐渐建立公益性的劳务市场,加大对弱势群体就业的指导和帮助。

除了外部因素之外,贵州省中职教育本身,在师资质量、课程结构、教学方法诸多方面都有待改进。其中应特别注意中职学校办学与当地产业经济发展需求紧密结合,多方面调动行业企业参与中职教育的积极性。国内外的教育实践表明,长期依靠政府供给驱动发展职业教育的路子有悖于市场经济发展规律,必须从供给驱动向需求驱动转变,要通过制定政策来刺激需求,从而推动职业教育健康发展。[①] 职业教育主要是为企业培养技能型人才服务的,因此离不开企业的有效参与。我国的职业教育主要以学校为主体,只有职业学校的职业人才培养与所在地的产业发展紧密结合,企业才可能愿意与职业院校合作,当地政府也才有促成两者合作的积极性。因此,就中职学校而言,首先应当不断调整专业结构以动态适应地方社会经济发展对专业人才需求的变化。其次,加强与行业企业的沟通,为之提供有效的服务。最后,要努力提高教育教学质量,把握教育"9+3"计划带来的良好发展机遇,切实改善办学条件,努力加强课程教学改革,充分注重实践教学环节,最终促使学生毕业后有业可就并受到用人单位的肯定,进而提升中职教育的内部吸引力。

(五) 加强家庭教育指导是增强中职生学习动机的辅助手段

家长在教育子女方面存在的问题会给子女学习成绩带来明显的负面影响。[②] 许多中职学生在学业中存在的突出问题都与其家庭教育缺位或不正确有密切关系。现实表明,社会经济地位较低的家长在子女教育中存在的问题往往更多更严重。大部分中职学生都来自于农村或城市贫困家庭。因此,政府以及教育相关部门必须加大对社会经济地位较低阶层在家庭教育方面的投入和建设。

(1) 利用电视、网络等大众媒体,唤起社会各界对家庭教育特别是加强对处境不利子女成长的家庭教育的重视,唤醒这部分家长的责任感。针

---

① 汤生玲:《职业教育如何增强对农村学生与家长的吸引力》,《职业技术教育》,2009 (34):62-65。

② 薛新力、郑建盛、林志萍:《心理控制源与子女学习成绩的相关研究》,《中国行为医学科学》,2002 (2):89-91。

对目前中职学生家长中普遍存在的错误观念,如读了中职将来没有前途可言,交了学费家长的责任就算尽到了,成绩学习好与不好是孩子和老师的事等,进行修正。除此之外,还应切实加强对留守儿童及青少年家庭教育指导工作的宣传力度,想方设法调动全社会的力量共同参与问题的解决。

(2)加强对中职教师在家庭教育指导能力方面的培训。绝大部分教师在师范学习阶段并未系统学习过家庭教育知识,也不具备专业指导能力,因此,在对中职教师特别是班主任和辅导员的职后培训中应加入这方面的内容,以便于有效开展工作。有条件的中职学校可成立专门的家庭教育指导机构,由具有家庭教育理论与实践经验的专人组织协同班主任和辅导员开展工作,具体可包括:协同指导实施部门充分发挥广播电视等媒介的指导效能;为学生家长提供针对性强、实用性强的家教读物;组织培训班主任及辅导员系统掌握家庭指导的知识及技能;把对处境不利青少年的家庭教育指导纳入学校科研项目,进行长期的跟踪研究,并根据发展情况,更新课题和研究内容;组织建立以班主任和辅导员为骨干力量的研究队伍,全校教师一起学习理论,制订方案,研讨指导策略,交流心得,总结成果。

(3)利用政策激励引导家长积极参与学校教育、主动配合教师进行教育工作,借以共同促进中职学生的发展。在以往研究成果中,多数学者都强调由学校和教师或社区为在外务工的家长补位或履职,并探索和总结了具体的工作方法。虽然也提到家长应尽量承担起对子女学业、社会化等方面的责任,但都停留于呼喊状态,对于家校有效沟通机制与工作方法的实践研究明显不足。其原因很可能在于,如果没有有力的政策作为保障来激励和引导学生家长积极参与学校教育,学校及教师在很多情况下根本无力要求家长主动配合教师来协同发挥对学生的教育作用。因此,教育"9+3"计划在投入巨大经费、保证全部中职生接受免费教育、大部分享受助学金的同时,还应加大对家庭教育重要性的宣传,由政府牵头,协同各行政部门,制定有效的激励政策,切实配合中职学校探寻有效的家校沟通机制与方法,引导中职学生家长积极参与学校教育,进而形成家校教育合力,最终有效提高中职学生的学习动机和学习质量。

(六)发挥学生主体作用是增强中职生学习动机的着力点

要充分发挥中职学生的主体作用,借以提升中职学生的学习动机,关键应从师生关系、学习目标、学习方法、课外活动、市场需求等方面入手。

(1)培养良性的新型师生关系,充分调动中职学生学习的积极性。师生关系是否和谐融洽,直接影响到教育教学的效果。为此,中职教师在开展教育教学工作时，要注重师生之间心灵的沟通。师生之间心心相印，师生之间情感的纽带就变成了一座智慧的桥梁，把孩子带进一个高尚的丰富多彩的充满阳光的世界。师生关系平等，学生就敢于提出问题，敢于发表不同的意见，也有兴趣和老师一起探讨新的问题，进而产生创造性思维的火花。

（2）正确引导学生确定短期和长期学习目标。高一年级为适应期，我们要有计划、有目的地引导学生适应学习、适应人际关系、适应生活、适应环境、适应自我定位，与此同时还要初步了解自己未来所要从事的职业或与自己所学专业对口的职业岗位的要求。高二为定向期，这要求学生了解未来职场的素质要求，有选择性地参加相关职业活动和现场实践，借以锻炼自己的综合能力，课余时间应尝试从事与自己未来职业或本专业有关的社会实践活动或做兼职工作，并要坚持，进而增强自己的责任感、主动性和受挫能力，通过培训或考试获得相关行业准入的职业资格证书，为第三年的顶岗实习打下坚实的基础。

（3）始终保持教学内容和教学方法的新颖性。教学内容生动有趣、丰富多彩以及教学方法多样新颖、富于寓意都能吸引中职学生的注意力，进而使他们通过学习获得精神上的满足。在教学方法上，要实施启发式教育，注意创设问题的情境，在学生原有知识的基础上，提出具有一定难度的问题，使他们不能利用已有知识直接回答这些问题，从而产生进一步探究这些问题的新需求。一般来说，只有在中等难度的情况下，中职学生才能够构成问题意境。正因为这样，中职教师要充分注意创造这种想问而不成、想答而不能的情境，这样才能使中职学生的学习动机始终处于激发和兴奋的状态。除此之外，还可以充分发挥学生的主体作用，通过采用合作交流等方式，让他们自主探究，自己发现问题、解决问题。

（4）利用学习反馈，搞好检查评定与评价工作。研究表明，让中职学生及时地了解学习的结果，看到自己的进步和所学的知识在实际生活中的价值，这种反馈信息对进一步激发中职学生的学习动机具有重要的意义。不过，在利用反馈信息的作用时，教师要使学生得到及时的评定。相反，如果没有给学生反馈信息，学生的学习动机就会逐渐削弱。与此同时，在评定学生的学业表现时，一定要注意评定工作的公平性，从而使学生始终保持对评定工作的高度信任。不仅如此，还应注意评定时鼓励多于批评，肯定多于否定等，有分析的评论加上分数等级，更能提高学生学习的积极性。

（5）组织有益的竞赛或活动。竞赛或活动一般来讲是激发学生学习动机的有效手段，它利用人们自重的需要、获取成就的需要，能极大地激发人们奋发努力、积极向上的学习动机。为此，中职学校每年都应开展技能大赛、"文明风采"杯竞赛,以及利用选修课开展各种社团活动等,以激发中职学生的学习动机。

(6) 开展责任意识教育,唤起中职学生沉睡的心。人要肩负责任,除了亲情、友情、爱情的责任,更多的是社会的责任。而要担负这种责任,就必须要有一技之长。在现实中,不学好一技之长,怎能创一番事业呢?

(7) 有意识地对学生进行"挫折教育"。不少中职学生都有一种自卑感,也许他们有着远大的理想,却由于种种原因来到中职学校继续学习,加之现在的学生多在父母的宠溺和纵容下长大,遇到困难与挫折容易放弃,表现为自暴自弃,破罐子破摔,心理承受力比较脆弱,对挫折较为敏感。针对这种情况,教师要适当引导,增强他们的抗挫能力。

(8) 由以教师为中心,向以市场需求为中心改革教育教学方式。中职学校的专业及课程设置,必须尽快实现由市场需求来配置教师资源。因为就业市场的需求就是教师开展专业技能教学努力的方向,决不能以具有什么样的师资来决定开设什么样的专业和上什么样的课程。只有这样,才能实现我学习我快乐的新型学习理念。

四、中职生学习动机增强的有效载体

中职学生的动机一旦被激发和培养出来,其责任心就会被唤起,自信心就会被找回来,其学习兴趣自然也就会不断生长,特长也就可以充分发挥作用了。这样,既能取得最佳的教学效果,又能充分发挥学生的能动作用,进而使学生主动地、生动活泼地得到发展。这样的学生,他们的学习动机和学习能力将一直伴随着他们的人生道路,最终让他们受益终生。那么在具体实施过程中需要什么样的载体呢?一是学校硬件设施设备,二是相应的师资力量,三是课程体系。在这里,第一第二两项相对比较好解决,下面以机械制造专业为例,就第三项中职学校课程体系改革思路进行简述。

(一) 构建"产教一体"化的课程体系

现代职业教育必须建立学生职业能力培养的新模式才能激发学生的学习动机。根据就业岗位进行职业能力分解,构建"产教一体"形的课程体系。按照基于典型工作过程的思路,划分若干个既相互联系又相互独立的课程或项目化模块,构建全新的课程体系即公共基础课程、大类专业基础课程、专业主干课程、非专业能力课程共四大教学模块,使学生在专业知识的学习与技能的训练上循序渐进,紧跟行业技术、技能的发展。以工作过程为导向、以岗位职业能力为依据、以岗位典型职业活动为载体、以职业技能鉴定为参照，构建以职业能力为核心的"产教一体"化的课程体系（见表8-1）。

表8-1 机械制造专业专业课程体系表

人才培养模式	课程体系	课程名称	职业能力	备注
"产教"一体的人才培养模式	公共基础课	语文	基础知识和可持续发展能力	
		数学		
		英语		
		德育		
		体育与健康		
		计算机应用基础		
	大类专业课	机械基础	专业基础知识	将"公差与技术测量""工程材料""CAD绘图"三门课程整合为一门——"机械制图"
		机械制图		
		电气基础		
	专业主干课	机械制造基础	专业技能	理实一体
		数控加工与编程		
		车工工艺与技能训练		
		钳工工艺与技能训练		
	非专业能力课程	走进职校	非专业能力	
		走出自我		
		走向职场		

（二）整合课程内容，编撰适合本专业的校本教材

以课程标准为根据，在大量调研分析工作岗位需求的基础上，以企业各岗位典型工作过程为依据，以典型产品或服务为载体，进行教学内容的项目化设计与开发，将原有的"公差与技术测量""工程材料""CAD绘图"进行整合，将原有的"数控加工与编程""车工工艺与技能训练""钳工工艺与技能训练"三门理论课与实践相结合，构建各课程的教学单元模块化、"理实一体"形的"产教一体"化的课程体系。

（三）构建非专业能力培养体系，编撰专业选修教材

通过调查、研究与论证，采用"寓教于乐""故事、案例＋分析、讲解""体验与感悟"等方式方法，编撰让学生乐于阅读、乐于思考，有特色的、有助于学生能力培养的非专业能力培养选修课系列丛书。

新生入学的第一学期，开设"走进职校"课程。通过拓展活动的方式来完成教学任务，目的是使学生适应职业教育的氛围，初步确立职业目标，培养如交流、沟通、合作等非专业能力。

根据学生在第二、第三学期的学习需要，按职业岗位能力的分析，开设"走出自我"课程。通过拓展活动的方式来完成教学任务，目的是有针对性地对非专业能力框架中具体的能力目标对学生实施培养，如方法能力中的解决问题能力、信息处理能力，社会能力中的沟通能力，情感能力中的心理调整能力、自信心等的建设。

针对顶岗实习和学生就业的需求，第四学期开设"走向职场"课程。通过拓展活动的方式来完成教学任务，目的是培养学生进入职场后，能快速地拥有各职业岗位所需求的非专业能力，如信息处理、交流沟通、心理承受等能力。

（四）变革教学模式，尝试"项目"教学法

教学过程要按照企业的工作过程来展开，并将项目教学理念渗透到教学的各个环节。在教学过程中，切实加大教学模式改革力度，努力尝试项目教学法，真正做到"教、学、做一体化""课堂与实践地点一体化""学习与工作一体化"。具体来说，项目教学法教学模式改革活动应主要包括"教学组织形式与工作组织形式一致、教学步骤与工艺流程一致、德育目标与企业要求一致、教学要求与工作要求一致、教学文件与生产文件一致、教学项目与企业生产相融合"六个方面的内容。

（五）细化评价指标，建立就业岗位能力要求模型

通过对每个课程和教学过程的系统分析，结合各项职业能力考核的内容、标准与方法，建立学生教学质量评价体系。把评价标准的着眼点和落脚点从目前以学科成绩为核心，转变到以职业能力为核心的轨道上来，即过程考核、阶段考核、结果考核与企业考核相结合，努力缩小或消除学校评价与企业评价之间的差异，为学生就业创造条件（见表8-2）。

表 8-2　"机械制造技术专业"中职学生初次就业岗位能力要求模型（部分）

企业行业细分	初次就业岗位	主要工作任务		岗位能力要求
大中型机械设备制造型企业（船舶、航空航天、汽车、模具、机床制造等方向）	机床操作工（机床、铣床、磨床）	生产任务单、图纸、工艺准备	常用必备能力	熟悉企业基本的生产管理体系
				识图能力
				绘图能力,手工绘图、CAD制图
				生产工艺认知能力
				熟悉企业基本的质量管理体系
			提升扩展能力	基本生产工艺的编制能力
		物料、刀具准备	常用必备能力	钳工基本技能
				熟悉企业基本的生产和质量管理体系
			提升扩展能力	物料辨识能力
				刀具辨识能力
				刀具(模具)的检测、修磨能力
		工装、夹具准备	常用必备能力	工装、夹具的辨识能力
				识图能力和工艺认知能力
			提升扩展能力	简单的工装、夹具的设计能力
				绘图能力
				测绘能力
		数控加工程序的准备(数控机床)	常用必备能力	编程软件的基本操作能力
				数控加工程序的认知能力
				CAD的基本运用能力
				简单的数控编程能力
			提升扩展能力	CAM的基本运用能力
				数控机床维护、保养能力
		加工的操作和实施	常用必备能力	了解起重和吊装的基本知识
				简单起重设备的操作能力
				机床的操作能力
				工件的装夹和校正能力
				钳工的基本能力
			提升扩展能力	加工缺陷补偿能力
				加工过程中突发事故的应对能力
				加工误差的补偿能力
		加工工件的检测	常用必备能力	熟悉各种检测方法
				量具的辨识和使用能力
				熟悉企业的质量管理体系
				质量数据的填写能力

续表

企业行业细分	初次就业岗位	主要工作任务		岗位能力要求
大中型机械设备制造型企业（船舶、航空航天、汽车、模具、机床制造等方向）	钳工	加工工件的检测	常用必备能力	识图和工艺认知能力
			提升扩展能力	工件的标识能力
				简单检测工艺的编制能力
		机床的日常维护保养能力	常用必备能力	熟悉企业的设备管理体系
				数控机床结构的认知能力
				数控机床的维护保养能力
			提升扩展能力	数控机床简单故障的排除能力
		生产任务单、图纸、工艺准备	常用必备能力	熟悉企业基本的生产管理体系
				识图能力
				生产工艺认知能力
				熟悉企业基本的质量管理体系
			提升扩展能力	基本钳工工艺的编制能力
		物料、工具、试验设备准备	常用必备能力	熟悉企业基本的生产和质量管理体系
			提升扩展能力	物料辨识能力
				工具辨识能力
				试验设备的辨识和调试能力
		工装、夹具准备	常用必备能力	工装、夹具的辨识能力
				识图能力和工艺认知能力
				简单的工装、夹具的设计能力
			提升扩展能力	绘图能力
				测绘能力
		调试方案和试验大纲的准备	提升扩展能力	调试方案和试验大纲的解读能力
		钳工装配的操作和实施	常用必备能力	了解起重和吊装的基本知识
				简单起重设备的操作能力
				识图能力
				钳工工艺的认知能力
				熟练的钳工技能
			提升扩展能力	产品性能的认知能力
				装配误差的分析和补偿能力
		产品的试验和调试	常用必备能力	熟悉各种基本的试验方法
				熟悉企业的质量管理体系

续表

企业行业细分	初次就业岗位	主要工作任务		岗位能力要求
钳工		产品的试验和调试	提升扩展能力	产品性能的认知能力
				各种试验设备的使用能力
				调试方案和试验大纲的解读能力
				试验和调试数据的填写能力
		试验设备的日常维护保养能力	常用必备能力	熟悉企业基本的设备管理体系
			提升扩展能力	试验设备结构的认知能力
				试验设备的维护保养能力
				试验设备简单故障的排除能力

综上所述，本研究基于贵州"9+3"计划实施的背景，从中职教育相关政策、中职学校、自身家庭三方面分析了中职生学习动机欠佳的原因，提出了增强中职生学习动机的六条路径，旨在为相关部门在贵州"9+3"计划之后制定新一轮职教政策时提供参考，为全国各省市逐步推行中职教育免费政策提供具体的策略选择。

第九部分　平台与支撑：中职生学习动机与质量提升之技术平台

　　《国家中长期教育改革和发展规划纲要（2010—2020年）》将"'十二五'期间培养1600万高素质技能型专门人才"作为建设目标。2014年《国务院关于加快发展现代职业教育的决定》强调"巩固提高中等职业教育发展水平，到2020年，中等职业教育在校生达到2350万人"。为了贯彻落实国家重视中等职业教育发展长远目标，大家势必会更加关注职业教育的质量问题。然而，从现实情况来看，职业教育学生的知识素养和基本技能参差不齐。其中，较为普遍和突出的问题是中职学生的学习动机不足。学习动机是激发、促使和维持学生学习活动的动力。不同的学习动机引起的学习效果会有所差异。因此，为了提升中职学生的教育教学质量水平，必须从学习动机的认知、情感和行为等方面来促使学生积极投入到学习活动中来。由此，加强中职学生学习动机和质量提升之技术平台的研究具有重要的理论价值与现实意义。

一、学习动机与质量提升之关系

　　智力因素与非智力因素通常被认为是影响学生学习质量的两大核心因素。不过，就现实的发展情况而言，不但开发与培养学生的智力因素比较普遍，而且相对易于培养的非智力因素却因为各种原因导致其在学生个体发展中的重要功效相对被忽视。实际上，从心理学领域智力常态分布结构来看，绝大部分的人属于中等智力水准，天才和弱智仅占极少数。也就是说，就目前中职学生的学习状况而言，他们的学习质量亟待提高。由此，探究中职学生的学习动机，努力提升他们的学习质量则成为首先应考虑的因素。

（一）学习动机的内涵解读

　　奥苏贝尔曾说："动机与学习之间的关系是典型的相辅相成的关系，绝非一种单向性的关系。"① 实际上,动机在学习过程中产生,而动机的增强反过来会促进学习过程。因此,学习与动机统一于学习过程之中,二者是相得益彰的关系。由此,学习动机就是引起学习活动的内部动力。这种维持和增长学生从事并完成某种学习活动的能力,对于理解学习和绩效至关重要,原因之一是学习动机能够改变完成学习任务的时间。② 作为学生的一种潜在的能力,学习动机能够保证学生遇到各种问题时独立地思考并解决问题,并按时完成预定的学习目标。事实上,从表现形式上来看,学习动机主要表现为三种形式,即推力、拉力与压力。推力主要表现为学生主体的内在学习需求与需要;拉力主要表现为学生对于学习的期盼与等待;而压力则需要一定的条件,即使压力转化为学生主体的推力与拉力等动力。由此,不难看出,学习需要与学习期待是构成学习动机的两个基本要素,前者为学习动机结构中学生内在的动力,是学生学习动力的主导成分;后者指向个体学习需要的满足,需要协同两者的功效与作用,才会促使发动、维持和完成学生的学习活动。

作为中职学生学业质量的决定性因素,根据研究主题内容的需要,专家学者对于学习动机有不同的分类。从动机动力的来源角度来看,学习动机可分为外部动机与内部动机。前者如自我提高的动机和附属动机等,后者如主体的内在认知动机;从内容性质正确与否角度来看,学习动机分为正确的学习动机与错误(不正确)的学习动机;从动机作用时间的角度来看,可分为直接学习动机和间接学习动机两个大类。此外,学习动机还有其他范畴的分类,在此不一一赘述。事实上,明确学习动机的内涵与外延,对于进一步提升中职学生的学习质量有很强的针对性。

(二) 学习动机与质量提升之关系

1. 学习动机的强弱对于质量提升的影响

事实上,学习动机在各种不同的学习任务方面是有最佳作用水平的。一般而言,学习效率在较为容易的学习任务中会随着学习动机的提高而提高;相反,在难度比较大的学习任务中,学习效率会随着水平动机的提升

---

① Philip H Wine. *Comments on motivation in real-life, dynamic, and interactive learning environments*. European Psychologist, 2004, 9 (4): 261-263.

② Christopher A Wolters. *The relation between high school students' motivational regulation and their use of learning strategies, effort, and classroom Performance*. Learning and Individual Differences, 1999, 3 (3): 281-299.

而呈下降的发展趋向。由此，在面对不同的学习任务时，要掌握恰当的学习动机，这样学习效率才会有切实的保障。所以，并不是学习动机的水平愈低愈好或愈高愈好，学习动机水平超过一定的限度时，学生的学习效果反而会更差。依据美国心理学家耶克森·多德逊（Yerks&Dodson）的观点，最佳的学习动机水平与作业任务难度紧密相关：任务难度越大，最佳动机水平相应处于较低水平；任务难度适中，最佳动机水平亦适中；任务越容易，最佳动机水平越高，这就是耶克森—多德逊 U 型曲线，如图 9-1 所示。

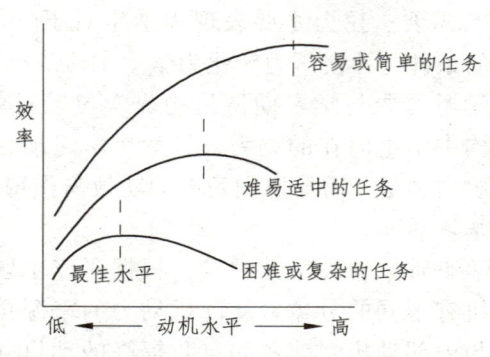

图 9-1 耶克森—多德逊 U 型曲线

由此可知，过强或过弱的学习动机对于学生的学习质量的影响因人而异、因时而异。因此，中职教师在授课时，一定要根据学习任务的难易程度，恰当地引导学生合理安排自己的学习任务，借以发挥最佳的动机水平。例如，在学习任务较容易时，应尽量使学生集中注意力并努力使他们增强学习动机，以帮助他们圆满完成自己的学习任务；在遇到较为复杂的学习任务的时候，要积极营造宽松民主的课堂气氛，心平气和地引导学生。只有这样，才会使学生不畏困难，想方设法地去解决学习过程中遇到的各种问题与困难。

2. 学习动机的时机对于质量提升的作用

根据心理学研究成果发现，教师对于学生的及时批评或表扬以及来自学生学习结果的及时有效的反馈信息，均对于提升学生的学习质量有显著的作用。这是因为，一方面，根据及时有效的反馈信息，学习者能够有针对性地调整自己的学习活动，改进学习策略；另一方面，为了避免犯类似的学习错误，学习者本身会持续不断地增强自己的学习动机，由此保持学习动机的有效性和连续性。美国心理学家佩琪（E. B. Page）曾对两千名学生的作文进行研究,他把每个班的学生分成三组作为研究对象,分别采取不同类型的作文批改方式。一组只给甲乙丙丁的作文等级;一组作文批改的等级与评语兼顾,同一等级的批语一致,不同等级的批语有差异;另一组除了作文批改等级外,还针对不同学生的作文类型特点给予不同的批语。经过研究发现,三组不同的作文批改方式对他们后来的成绩具有很大的影响,到期终作文考试时,发现三组学生作文水平提高的程度具有明显差异。具体如图9-2所示:

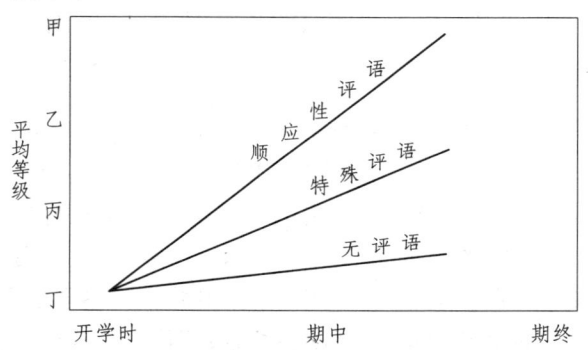

图9-2 教师不同评语对于学生学习成绩的影响

从图9-2中我们不难发现,第三组针对学生个性差异的作文顺应性评语效果最好。这个研究表明,给予学生恰如其分的评定等级,可以维持学生的内部动机,激发学生自我发现和自我提高的动力。实际上,通过等级评定,可以在一定程度上暗示学生进步的速度,让学生明白评定等级的作用和功效。教师在合适的时机给予学生适当的评语,可以有效地促进学生学习动机的提升,将恰如其分的等级评定和适当评语相结合,可以有效提升中职学生的学习效率与学习效益。

3. 质量提升对于学习动机的互动反馈作用

事实上,适当的学习动机对中职学生的学习效果的提升有显著的促进作用,中职学生学习质量的提升反过来又会积极促使中职学生去激发和维持学习动机。中职学生的学习质量水平与学习动机强度具有互动反馈的作用。一般认为,中职学生就是在中职学校念书或毕业的学生,其初中毕业后未能够升上完全高中而在中职学校念书,其年龄介于15~18周岁,正处于青春期。青春期是一个人特定的时间年龄节点,在此期间,他们的心理呈现出幼稚与成熟交替的发展状态,具有明显的独特性和过渡性特征。正因为如此，中职学生更加渴望独立，更加希望有机会体验成功。因此，一旦他们的学习成绩有了起色，教师和家长等给予他们赞许和鼓励，他们就会继续前进，并始终怀着对于成功的强烈渴望而不断地维持着积极的学习动机。

二、中职生学习动机与质量提升之技术平台

（一）学习动机与质量提升的"驱动力—状态—响应"发展模型

1996年联合国可持续发展委员会提出"Driving Force – Status – Response"（驱动力—状态—响应，简称DSR）概念模型。DSR模型中Driving Force指标用以表征那些造成活动发展的一些因素；状态指标用以表征在可持续发展活动过程中的各系统、各要素的状态；响应指标用以表征为促进可持续发展所采取的众多措施与对策建议。由此，借鉴联合国DSR概念模型，中职学生学习动机的DSR发展动力机制模型可以解释为：中职学生的学习动机和学习质量发展到一定阶段，在统筹中职学生群体质量要求和提升他们自身素质的诉求及前提下，迫使中职学生学习质量发展转型的力量需要依靠由内部推动力和外部拉动力共同构成的驱动力，中职学生的学习质量的转型发展势必会影响到中职学生的学习动机需求、学习动机的评价以及学习动机的效益等状态，并在发展状态和转型压力共同改变的作用下，通过社会、学校、企业、教师、家庭以及学生等主体的状态和行为作出回应，"响应"之后的变化又通过"状态"得以表征体现，最终促使中职学生学习动机和学习质量提升形式螺旋式上升发展格局（见图9-3）。

因此，中职学生学习质量（Learning quality of Vocational School Students）发展的机制模型可以用函数 VSSL = f [D, S, R] 来表示。其中，"D"代表中职学生的学习动机的驱动力，由内部推动力和外部拉动力共同构成，这是中职学生学习质量提升的外在压力与内在诉求的表现；"S"代表中职学生学习的状态，由中职生学习的需求、氛围、评价及创新等指标组成，它表征着中职学生学习的程度和质量水平；"R"代表对于中职学生学习质量的反馈和响应，用以表示中职学生、社会、学校以及企业等主体对于中职学生学习质量的态度及采取的对策。一般来说，社会和企事业单位等主体是加速中职学生勤奋学习知识和刻苦训练技能的外在刺激因素，

同时也是接受、认可与检验中职学生综合素质的重要因素；学校和家庭的支持和参与程度是中职学生学习量提升的基础和前提；中职学生对自身学习情况的反馈则是内在因素和关键因素，它直接制约着中职学生提高自身学习质量的效果。

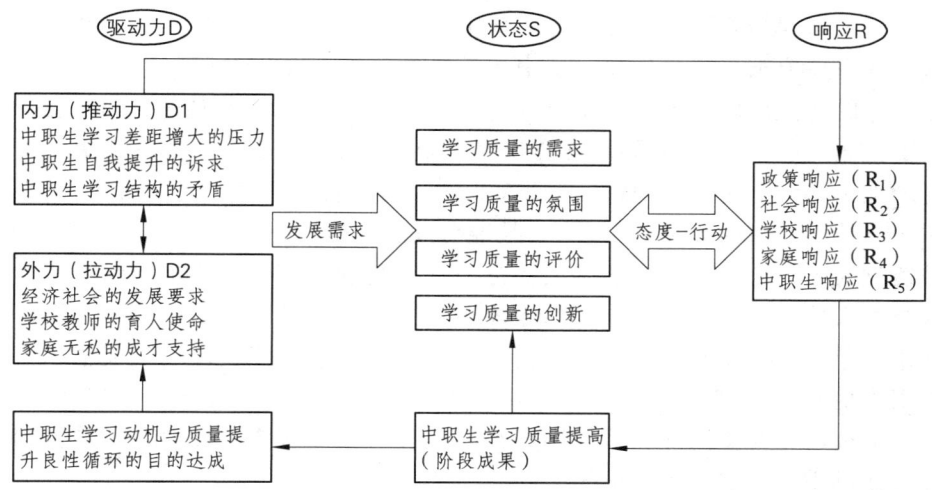

图9-3 学习质量与动机提升之"驱动力—发展状态—响应"（DSR）发展模型

不难看出，中职学生学习质量提升的驱动力、发展状态与响应三个部分是相互联系的，具有一定的内在耦合性。三者共同构成一个有机的整体，共同激发与维持中职学生的学习动机，并在此基础上提升他们的学习质量与学习效益。

（二）中职学生"驱动力—状态—响应"发展模型的内涵解析

1. 驱动力（D）

外部驱动力和内部驱动力共同构成了中职学生学习质量提升的驱动力。

（1）内部驱动力（D_1）。由中职学生学习差距增大的压力、中职学生自我提升的诉求与中职学生学习结构的矛盾等构成。有研究表明："超过一半数量的中职学生学习动力不足或欠缺，与普通高中学生相比，中职学生害怕失败，自卑心理更严重。中考失利对他们的打击很大，学习上的失败感使他们产生了很大的心理阴影。"[①] 因此，中职学生在学习目标、学习兴

---

① 邱玥：《"就业难"遭遇"用工荒"——结构性矛盾困局怎么破》，《光明日报》，2014-8-14。

趣、学习过程、学习效果等多方面形成的多元差距逐渐加大。要解决中职学生学习动机产生的问题以及学习差距问题,应将中职学生学习差距的压力变成动力,努力提升中职学生自我发展的要求。解决其学习中结构性矛盾将是构成中职学生学习质量提升的核心内部驱动力。

(2) 外部驱动力(D_2)。主要从中职学生之外的经济社会对于技术性人才的发展要求、学校教师对于中职学生的育人使命以及家庭作为中职学生成才的坚强后盾和无私支持着手进行考虑。目前,据人力资源和社会保障部公布的有关数据表明:"今年上半年全国城镇新增就业人口737万,同比增加12万人。但是,技能劳动者数量只占全国就业人员总量的19%左右,高技能人才的数量只占5%,技能劳动者总量严重不足。"[①] 不难看出,技能型人才,尤其是高技能型人才是经济社会发展的必然要求,围绕"做大技术人才总量,做强高端技术人才经济"目标,努力促使中职学生勤学技术,争取成为高技能型人才。当然,这离不开学校依据市场发展需求与时俱进地开设和创新课程体系,教师基于社会需求因材施教。不仅如此,家长的理解和支持同样重要。因为只有这样,才能多方形成合力,共同协作,促进中职学生学习质量的提升。

2. 发展状态(S)

一个良好的中职学生学习动机与质量提升互动的发展状态应是:在以生为本、成才为先的理念下,形成合适的学习质量需求、和谐的学习质量氛围、有效的学习质量评价和永恒的学习质量创新意识。

首先,合适的学习质量需求因人而异。就中职学生本身而言,一方面,应结合自身的实际,制定出符合自己的学习目标,此目标应以兴趣为前提,以市场为导向,以就业为宗旨。另一方面,社会对于中职学生的成才有规格要求,中职学生要想在社会立足并获取更好的发展,务必符合或高于社会发展的需求。其次,和谐的学习氛围深刻影响着中职学生的学习效果。一般而言,中职学校的学习氛围可以细分为环境氛围、文化氛围和心理氛围。环境氛围体现在校园环境的整洁舒适和美观程度,这是学习氛围的基础条件。文化氛围主要蕴藏于学校师生文化和看不见的隐性文化之中,这对于学生的学习至关重要,它是重要条件。心理氛围主要是指中职生深入学校之中感受到的校园学习气氛和学习努力程度。和谐的学习氛围应是三位一体的,应尽可能达到环境优化、文化氛围浓厚、心理氛围舒适的程度。

---

① 徐映映:《中职生学习动机的现状、问题与对策研究》,鲁东大学硕士论文,2012。

再次,评价的终极目标不在于诊断而在于改进;同理,中职学生要想知道在哪些方面薄弱、哪些方面有待提高,就务必达到"知其然,知其所以然"的目标。最后,创新是中职学生永葆学习动力和活力、提升自我综合素质的不竭源泉,因此,中职学生要时刻注意创新,对所学理论活学活用,真正实现理论与实践的统一。

3. 响应(R)

立足点不同的主体,可以分为政策响应、社会响应、学校响应、家庭响应和中职生响应等内容。

(1) 政策响应。

主要是指各级政府关于提升中职学生学习质量而采取的一系列政策、规划以及具体管理制度等。由于激发中职学生的学习动机是一个重大的现实问题,提升中职学生群体的质量也是一个多维度和多角度的管理概念,因此,需要加大政府引导中职学生发展的力度,着力提高中职教育的政策实施成效。

(2) 社会响应。

主要是指企业、工矿单位对于中职学生质量提升的支持度和参与度。实际上,对于高技术中职学生人才的需求一直是企事业单位所渴望的,他们是利益相关者,更是直接受益者。因此,企事业单位应积极引导中职学生树立自强自立的担当意识,自觉融入中职学生质量提升的各项建设议程之中,选择利益相关方的中职学校予以扶持和多方合作。

(3) 学校响应。

主要是就宏观、中观、微观等三个层面而言的。学校应始终关注中职学生的教育教学水平。从宏观层面而言,应始终不渝地树立立德树人、成才为上的教育理念,紧跟职业教育发展的时代潮流,积极开拓与企业等用人单位的多维度合作,做好中职学生的就业深造等相关服务工作。从中观层面而言,一是健全中职学生学习质量提升的组织机构。一般情况下,这一机构主要由社会、企业、学校以及家庭等成员组成。二是规划中职学生质量不断提升的政策制度。从微观层面而言,增加"双师型"教师的数量,提高"双师型"教师的质量,积极构建符合社会发展需求、企业单位诉求的课程体系,及时更新理论内容,健全完善教学实践基地的建设等。

(4) 家庭响应。

从中职学生的学习动机的形成角度来说,外部条件更多的是起到辅助引导的作用。其中，家庭是中职学生学习动机形成的关键性辅因。家庭是中职学生首先接触的地方，与他们的成长和发展始终相伴随。因此，来自家庭的有效反馈深刻影响着中职学生的学习动机。作为中职学生的家长，对于自己孩子的学习动机的激发与学习质量的提升具有不可推卸的责任。为此，我们不妨采取如下措施：从理念层面，树立重视中职学生学习的良好观念，积极调动中职学生的学习动机；从行为上而言，注意与孩子进行日常心理沟通，满足孩子日常吃穿用度以及继续教育的费用；从方法上而言，要想方设法，积极采取各种措施鼓励自己的孩子，相信他们能就业成才等。总之，家长要基于学生学习质量的水平采取适当的措施，积极激发和维持学生恰当的学习动机，以提升中职学生的综合素质为己任。

（5）中职生响应。

在一定程度上，中职学生内在的学习动机直接决定了学习动机的强弱和类型。[①] 作为中职学生学习动机形成之主因的主体，中职学生务必依据自身学习动机水平以及学习质量的程度，从认知、情感和行为三个方面增强自身的学习动机。从认知层面而言，中职学生可以通过自身认知、反省自身以及认知学习动机的重要性等方面来加以呈现。从情感层面而言，心理学理论认为，自尊心、自信心强的学生更加关注自己的学习情况。由此，通过肯定自己、认可自己与相信自己的能力的方式方法，不断提高自我存在价值。从行为层面而言，强化学生的自我效能感，积极激发学生胜任事情的肯定看法与能力。心理学研究成果表明，自我效能感强的学生，其学习动机也较强，反之亦然。可见自我效能感与学习动机具有反馈作用。此外，个体的自我效能感在一定程度上可通过内在学习方式对学习动机产生更为深刻的影响。

（三）技术平台各构成要素之间的关联

所谓"平台"就是指能够独立运行并自主存在，为其所支撑的上层系统和应用提供运行所依赖的环境。就职业教育发展而言，世界发达国家诸如德国等成熟的职业教育体系的实践证实了基于职业教育创新体系的技术平台运作的有效性。中职学生学习动机与质量提升的技术平台是指基于中职学生质量提升的实现，集职业教育体系的设计、研发与生产制造等于一

---

① 付海兰等：《教育"9+3"计划背景下中职生学习动机探析》，《职教论坛》，2014（15）：28-30。

体的一组技术组合的架构，它由基础技术、核心技术、共性技术等平台构成。

基础技术主要由软件系统和实物基础设施两个部分组成。软件系统主要是指职业教育的基本标准以及对于中职学生质量达到的主要法定标准（指由非政府性组织或政府，抑或企事业单位出台的普适性标准）的集合，法定标准属于基础标准，适用于所有应聘人员，是中职学生进入社会用人单位必须达到的最低要求；实物基础设施主要是指激发中职学生学习动机进而促进中职学生学习质量提升的基础设备和厂房、实习基地等硬件设施。

共性技术是指建立在基础技术之上的，具有潜在社会企事业单位应用价值的一般能力，与其他相应的技术组合后可广泛应用在诸多产业领域，并对职业技术教育的发展与完善提供不可替代的技术支持。它是专业标准的来源与基础，能被广泛运用于多个行业，可见，连接基础技术和核心技术之间的桥梁便是共性技术。

核心技术是衡量中职学生质量水平的关键成分。核心技术决定了由其支撑的技术平台的总体水平与基本结构、价值基础与就业前景等本质特征，也从一个侧面反映了技术平台的生命周期。一般而言，一个合格的中职学生应拥有从事某种职业的核心技术。然而，就目前职业教育的核心技术发展状况而言，现实情况不尽如人意。高质量的技术平台对于其核心技术的要求是：需要具备极高的适应市场发展需求的融合能力和与企事业事实标准（行业标准）相符的创新创造能力，进而使其成为推动中等职业技术教育核心竞争力的关键来源和动力保障。

综上所述，技术平台各要素之间相互依赖，关系紧密。基础技术是基础平台，其发展程度在一定程度上制约着中职学生学习质量的层次和程度；共性技术是重要的外在拓展能力，掌握共性技术的多寡与强弱，将会直接影响到中职学生的借鉴、迁移运用的能力；核心技术是中职学生以及中职教育发展的关键平台，他们未来发展趋势如何在很大程度上取决于核心技术的发展情况。

三、中职生学习动机与质量提升的路径保障

提升中职学生群体的学习质量应围绕增强中职学生的学习动机这一主要内容，从学习动机的需要、条件、评价与创新等方面创造适当的发展路径，以实现中职学生学习质量的良性循环。

（一）学习动机需要——中职学生质量提升的根本要求

需要是有机体自身感到某种欠缺或缺乏而尽力获得满足感的心理倾向，它能在头脑中反映有机体内在与外在生活条件等方面的要求。它常以一种"缺乏感"体验着，以愿望、意向的形式显现出来，最终促使人产生进行某种活动的动机。从学习动机的需要对象层面可以将其划分为满足个体自身的需要与符合经济社会、市场对于个体成才规格的要求。就中等职业教育而言，则是接受职业教育的学生提高的内在需求与政治经济社会对于中职学生发展完善的本质诉求。中职学生学习动机的需要不是随心所欲，而是有目的、有对象地随着满足中职学生需要的对象扩大而发展的。中职学生需要的对象既包括物质的东西，如衣食住行等维持生存的东西，也包括精神的需要，如对于中职教育的信赖以及参与中职教育实现自己的人生价值。此外，中职学生个体之间的需要既有共同性，也有独特性。生源地、年级、性别、专业等不同的学生均会在学习动机方面表现出明显的差异性。

心理学的研究成果表明，中职学生对于所学科目内容的心理需要程度（学习动机）与实际学习效果之间存在着较为显著的因果关系，即中职学生对于所学科目内容的心理需要程度愈高，其实际效果就愈好，反之实际效果就会愈差。心理学表明，需要是个体的内在动机，它能使人产生欲望和驱动力，内在动机是较为稳定的、强烈的动机，它主导着个体前进的方向。为此，必须提升中职学生学习动机的需要，既要激发起内心的需要，也要积极创造外部诱因或刺激，这也是实现中职学生质量又快又稳提升的根本诉求。

（二）学习动机条件——中职学生质量提升的物质载体

"条件"在《现代汉语词典》中被解释为影响事物发生、存在或发展的因素。任何事物的产生与发展均需要建立在一定的物质条件基础之上。[①] 中职学生的学习动机的激发与培养也不例外。中职学生的学习动机可从内部条件和外部条件来加以激发。其中，内部条件是主导性因素，外部条件是必不可少的辅助性因素。因此，在内部条件方面，必须积极探索培养中职学生的内在学习动机的理论、策略及措施，注重以生为本的教育教学理

---

① 梁成艾、朱德全：《论城乡职业教育统筹发展的动力机制》，《职业技术教育》，2011（13）：19-20。

念,关注学生的自主合作与探究学习能力的培养,重视学生实践操作技能的培育,进而培养中职学生自主学习的能力或素质,为其之后理论与实践的学习打下基础。因此,我们可从引导学生认识自身心理特点、培养学生的学习自信心、培养学生自主学习能力以及正确的学业失败归因等方面着手。

在外部条件方面,不妨借鉴美国学者爱泼斯坦(J. Epstein)于1989年提出的激发学生动机的外部条件"TARGET"六大范畴学习模式。这六大范畴分别是课业(Task)、权责(Authority)、认可(Recognition)、组合(Grouping)、评估(Evaluation)和时间(Time)。这六个英文首字母组合起来便是"TARGET"。[①] 其中,"课业"设置要理论与实践兼顾,突出专业特色,丰富多样,"课业"设计的目的在于激发学生参与学习活动的兴趣,以及提高参与的质量;"权责"是发展学生独立与控制自己学习行为的能力,敢于为自己的学习担当;"认可"是指学校与家庭等主体以正规或者非正规的方式针对学生好的学习行为进行奖赏和赞扬;"组合"关注的是每个学生的合作互助学习,它旨在建立一个多元智能、个别差异的学习环境氛围,从而让所有的学生均对自己的学习有归属感;"评估"对于学生外在学习动机的影响最为显著,强调以形成性评价方式为主,更多地关注学生内心所想与所取,兼顾诊断性评价与总结性评价等方式;"时间"主要是给予学生进行自我反省、改正错误的时间与机会,提供较多时间让其进行自我发展与完善。实际上,内外部条件的学习动机在促进中职学生的学习功效上各有各的作用,不过可以实现互动,即通过恰当安排学习的外部条件发挥作用,以支持、激发与促进中职学生学习的内部条件,最终实现学习动机的内外部条件互动反馈。

(三) 学习动机评价——中职学生质量提升的方向保障

斯塔弗尔比姆(Stufflebeam, D. L.)说:"评价的目的不在于证明,而在于改进。"中职学生学习质量的评价应是一种面向学生未来发展的评估,其关注点应是中职学生学习发展过程中出现的问题以及有效解决这些问题的方法和方式。应把评价作为促进中职学生学习的手段,立足于学生的实际,努力挖掘学生的发展潜力,帮助其强化已有的学习优势,查找薄弱之处进行改善与提高,真正促使中职学生学习质量的提升。为此,很有必要

[①] 欧惠平:《中职生学习动机激发的研究》,湖南师范大学硕士论文,2008:31-33。

合理运用评价的手段和工具,以保证中职学生学习动力的正确方向。在中职学生学习进程中,应科学运用评价工具,合理运用有效的评价程序,就中职学生学习的初期目标、学习过程以及期末考核进行诊断和控制。对中职学生学习过程的评价要以形成性评价方式为主,对于错误的学习动机以及学习方式进行引导和导向,坚决防止中职学生"破罐子破摔"等各种消极思想的产生,借以确保中职学生的学习目标与学习行为始终保持科学、高效的运行状态与可持续发展的前进方向。

(四)学习动机创新——中职学生质量提升的永恒追求

创新是以新思维、新发明和新描述为特征的一种概念化过程,是推动民族进步和社会发展的不竭动力。中国的职业教育要想走在时代发展的前列,必须始终有创新思维的理论引领。对于"学如逆水行舟,不进则退"的中职学生也不能例外。要使中职学生的学习动机永葆动力,就务必在发展过程中打破常规,勇于创新。要科学借鉴"创新"的三层原意,即第一,更新。"新"就是要从更新传统中职教育的教育理念、中职教育的教育过程等方面入手,建立与时俱进、兼顾相关利益者的管理方案与策略。第二,创造新的东西。就是应从人才方案的目标制定、理论与实践课程的创造与设置、教学共同体构建等方面着手,大胆探索,勤于实践,创造性地制定适合中职教育与中职学生学习动机发展的政策文件。第三,改变。就是应从改变中职教育被忽视地位、中职学生与技能型人才不受社会重视、中职学生学习动机普遍弱化等问题,以及创造宽容理解的社会、学校、家庭与企业共同体,积极搭建中职学生参与的"产—学—研"等合作平台,在动态性与开放性的教育过程中加大中职学生的人才创新培养力度,进而实现中职学生教育教学质量的协调快速发展。

总之,随着2014年我国提出"加快发展现代职业教育"以来,我国的职业教育愈来愈成为国家教育重点关注的对象。构建职业教育发展的人才"立交桥"模式,打通职业教育与普通教育之间的壁垒,着力提升职业教育的发展水平,特别是缩小城乡中等职业教育发展的差距,加快推进城乡中等职业教育的一体化发展等被提升到国家战略层面,成为大众关注的热点。

笔者认为中职学生学习动机与质量提升的"驱动力—发展状态—响应"(DSR)发展模型,可以用函数 $f(D, S, R)$ 来阐述,即中职学生的知识储备与职业技术技能发展到一定阶段,在利益相关者诉求以及内外压力、拉力的共同驱动下，对于与中职学生相关联的社会、企业、学校、家庭和教师等外部状态进行表征和反应，通过中职学生参与者的态度和行为做出反应，进而使中职学生质量实现螺旋式提升。

具体到中职学生质量提升与技术平台一体化发展的路径上，在理念层面应强调始终围绕提升中职学生质量的目的这一核心，通过统筹利益相关者，逐步协调、稳步带动中职学生提高整体实力，最终实现城乡中等职业教育的转型升级发展；在实践操作方面，应强调坚持以职业教育的体制机制创新为引领，以规划、建设与发展课程内容和实践操作技能等为重要保障和重要措施，以提升职业教育学生的功能、形象与效益等"三同步"为方向，最终实现中职学生教育教学质量又好又快发展。

第十部分 表征与对策：中职生自主学习能力表现问题与培养对策研究

中等职业教育旨在培养初、中级技术人员及技术工人，它是我国经济社会发展的重要人才支撑。由于科学知识的日益更新，中等职业学校有限的教育资源培养出来的技术人才总是滞后于经济社会的发展需求。为了使中等职业学校能够培养出直接面向社会企业岗位所需的技能型人才，使中职学生在未来的职业生涯中有长足的发展，加强中职学生自主学习能力的培养迫在眉睫。

一、中职生自主学习能力体系构建

自主学习是指学生在学习过程中通过自己独立的分析、探索、实践、质疑及创造等方法完成学习目标。作者通过对已有相关研究文献的精细分析，结合丰富的中职课堂教学经验，以及深入观察中职学生的性格特征和学习表现等特点，总结出中职学生自主学习能力主要表现为自我监控能力、信息处理能力、知识运用能力和交流协作能力等，其中自我监控能力是自主学习能力的关键。

（一）自我监控能力

自我监控能力是指中职学生在学习过程中为了提高学习效率与效果，不断地对学习活动进行计划、监察、评价、反馈、控制和调节的过程。它具体体现在三大方面：一是对学习活动的事先计划与安排；二是对学习过程有意识的监察、评价和反馈；三是对学习活动有意识的控制和调节。中职学生自我监控能力主要表现为制订学习计划能力、自我监察能力、自我评价能力、激发学习动机能力、时间管理能力等。

中职学生制订学习计划的能力主要表现在学习活动前制订学习计划，合理安排学习目标、学习内容、学习进度及学习方法等；其自我监察能力是指在学习过程中明确学习目标和学习内容，对当前的学习状态保持有意识的觉察，时时审视自己的学习效果，并以此为依据对学习进度做出及时有效的调整；其自我评价能力是指在学习活动的整个过程中不间断地对学习目标的达成、学习内容的掌握、学习方法的效率及学习环境的适宜等方面进行思考、总结和评价；其激发学习动机能力指在学习的过程中遇到困境能够不断地鼓励和鞭策自己，增强学习信心与毅力，做到自觉主动地学习；其时间管理能力指在学习过程中能够根据自己的学习情况合理安排在校正常的学习时间，并且做到充分利用课余时间提前预习、复习巩固学习内容等。

（二）信息处理能力

信息处理能力是在校学生获取科技前沿信息、丰富专业理论知识、设计实物模型、撰写学术文章和参加网络远程教育的基本能力，也是各种职业能力持续发展的条件和依托。信息处理能力的培养主要通过开设信息技术课程来实现，具体包括计算机运用技术、网络运用技术和信息检索技术等课程。具体而言，中职学生具备信息处理能力主要是指通过系统学习信息技术课程的基础理论和上机实训后，中职学生基本能够运用计算机学习专业知识，能够利用网络进行资源和信息的收集整理、选择过滤、归纳分析和有效利用。

（三）知识运用能力

知识运用主要分为认知取向和实践取向两种类型。认知取向的知识运用是指运用已有的概念、原理、规则等理论知识解决学业问题；实践取向的知识运用是指运用所学专业知识解决生活中的实际问题。知识运用能力强调理论在实践中的指导作用和在实践中对理论的深层发展，其主要包含三个方面的内容：一是综合使用各种理论和原理分析实际问题；二是从实际问题中推导出理论和原理；三是根据理论和原理的要求，对实际问题进行综合性的描述或提出初步解决方案。[①] 中等职业学校的培养目标定位为技能型人才，偏重于中职学生实践操作能力的培养。中职学生知识运用能力主要指运用已有的知识解决实际问题的能力，即运用所学的专业知识提高综合实践活动成效的能力。

---

① 刘刚：《培养学生调动和运用知识的能力》，《思想政治课教学》，2010（11）：72-74。

（四）交流协作能力

顾名思义，交流协作能力的关键在于"交流"与"协作"，只有具备知识共享能力，协作才有可能开展；而只有具备基本的语言表达能力、逻辑思维能力和情感表达能力，交流才能顺利进行，协作才有可能达到良好的效果。由此可知，中职学生交流协作能力主要指中职学生在学习过程中基于师生或生生之间相互交流与协作的基础上获取新知的能力，它主要表现为知识共享能力和人际交往能力。知识共享是指相互分享自己的知识，知识共享能力则指学生在学习的过程中能够主动与教师、同学、家长等对象分享自己的知识，充分体现知识共享的意愿、知识管理的能力以及知识输出的能力。"人际交往能力在教学中主要表现为师生或者生生之间内心活动和心理状态的感知能力、发生在生生或者师生之间的人事记忆力、设身处地为其他学习伙伴着想的人际想象力、生生或者师生交往过程中表现出来的风度和表达能力。"[①]

二、中职生自主学习能力表现与现状分析

本章从中职学生自主学习能力体系出发，在参考庞国维编制的"自主学习量表"及其他的相关文献资料的基础上，结合中职学生的知识水平和心理特点自主编制"中职学生自主学习能力表现与现状调查问卷"。问卷调查时间为2012年9月，调查对象为重庆市中职示范校北碚职业教育中心学生，共发出问卷160份，回收有效问卷152份，回收率为95%。课堂观察时间为2012年9月至2014年6月，观察对象为重庆北碚职业教育中心学生和贵州铜仁学院中等职业技术学校学生。综合问卷调查和课堂观察的调查结果，从自我监控能力、信息处理能力、知识运用能力、交流协作能力四个维度得出如下结果。

（一）中职学生自我监控能力普遍偏低

中职学生自我监控能力主要表现为制订学习计划、明确学习目标、课前主动预习、选择学习策略、监察学习过程、检查学习效果、评价学习成

---

① 汪文静：《在线思维导图 Mind Meister 培养学生协作能力的研究》，上海师范大学学位论文，2010。

绩、积极自我反思、适应学习场所、安排学习时间等方面，故中职学生自我监控能力的问卷编制主要是从这 10 个方面展开的。为方便识别与行文，研究者分别以学习计划、学习目标、学习预习、学习策略、学习监察、学习效果、学习成绩、学习反思、学习场所、学习时间等术语指代。

调查结果显示：只有 20.4% 的中职学生课前会主动预习；在学习计划、学习目标、学习效果、学习场所和学习时间等方面，调查结果与学习预习的调查情况基本一致；在学习策略方面，只有 38.8% 的中职生在课堂上会主动记学习笔记；在学习监察方面，只有 32.9% 的中职学生会主动监察自己的学习过程，有一定的学习毅力；在学习反思方面，只有 41.5% 的中职学生能够进行反思，与不经常反思的中职学生形成对立的状态；在学习成绩方面，只有 30.9% 的中职学生认为自己学习成绩一般，其他大部分中职学生认为自己的学习成绩不好，认为自己学习成绩好的调查对象寥寥无几。通过对这些数据的对比分析了解到，大多数中职学生基本上不会制订学习计划；学习目标也不太明确；适应学习环境的能力也较差，稍微喧闹就不能静下心来学习；不能好好利用课堂的有限时间，课余时间基本不学习；不会经常监察与反思自己的学习过程，缺乏学习的动力；不会利用学习策略，就连简单的画线标记、记笔记和重复读写等都很少有人能够做到；对学习缺乏信心，学习效果较差。这些都充分说明中职生的自我监控能力普遍偏低。

（二）中职学生信息处理能力严重欠缺

中职学生收集信息的主要渠道有图书馆和网络（电脑、手机、电视）等，信息处理主要采取归纳分析的方式，故中职学生信息处理能力的问卷编制主要从图书馆、网络、归纳分析等方面设置观测点。图书馆设置了 2 道题，网络设置 4 道题，归纳分析设置 1 道题。为方便识别与行文，分别以计算机应用、网络休闲、网络学习、网络资料、图书馆自习、参考书、归纳分析来指代。

调查结果显示：在计算机应用方面，65.8% 的中职学生具备使用计算机的基本技能；在网络学习方面，只有 23.0% 的中职学生会通过网络形式来进行学习；在网络休闲方面，77.0% 的中职学生会利用网络进行娱乐休闲活动；在网络资料方面，49.3% 的中职学生在遇到学习困难时或者在教师布置作业的强力需求下会通过上网收集资料来解决问题；在图书馆自习和参考书方面，分别只有 27.7% 和 29.0% 的中职学生会去图书馆看书；在归纳分析方面,只有31.6%的中职学生会归纳分析所获得的信息。由此可知,绝大多数中职学生具备运用网络的基本技能,但不是用于学习,而是倾向于休闲娱乐活动,如玩游戏、QQ聊天、看电影等,只有少数学生能够借助网络、图书馆收集与整理资料,查找对自己有用的信息,但也仅仅表现在借鉴层面。归纳分析的能力比较差,可见中职学生的信息处理能力严重欠缺。

(三) 中职学生知识运用能力层次较浅

中职学生知识运用能力通常表现为理论联系实际的能力,即能够将要解决的问题与已有知识储备建立起准确而有效的联结,并且自如地运用有关的知识解决相应的实际问题,故中职学生知识运用能力的问卷编制主要从书面作业、实际问题等方面设置考察点,书面作业设置1题,实际问题设置4题。为方便识别与行文,分别以书面作业、联系问题、动手操作、操作能力、实践活动来指代。

调查结果显示:在书面作业方面,只有44.8%的中职学生能够积极对待并顺利完成作业;在联系问题方面,50.3%的中职学生能够浅显地将自己所学知识与简单的生活实际问题联系起来;在实践活动方面,56.6%的中职学生非常喜欢课程实践活动,也非常喜欢上实验实训课;在操作能力方面,40.8%中职学生动手能力处于模仿水平,其他次之。由此可知,大多数中职学生喜欢以动手操作能力培养为目标的课程,但是其动手能力依然欠佳,知识运用能力层次也比较浅。

(四) 中职学生交流协作能力亟须深化

中职学生交流协作的能力主要表现为中职学生知识共享的意识、人际交流的技巧等方面,故中职学生交流协作能力的问卷编制主要从知识共享的意识、人际交流的技巧等方面设置考察点。为方便识别与行文,分别以主动交流、交流合作、课堂讨论、请求帮助、解决方法来指代。

调查结果显示:在主动交流题项上,有55.3%的中职学生平时生活中喜欢主动交流;在交流合作方面,有64.5%的中职学生不喜欢与同学交流协作;在课堂讨论方面,有33.6%的中职学生喜欢进行课堂讨论;在请求帮助方面,57.2%的中职学生在课外遇到问题时很少主动请求同学或老师的帮助;在解决方法方面,只有17.1%的中职学生在学习过程中遇到问题时会主动寻求解决问题的方法。由此可知,在课外学习和平时生活中,大多数中职学生都喜欢和同学交流,但是交流的初衷并不是为了求知,而是为了闲聊或者消磨时间。只有少数中职学生在课堂上喜欢进行学习讨论,在课外遇到学习难题时会主动寻求同学或教师的帮助,但只是为了解决具体问题,而不是寻求解决问题的办法,这说明中职学生的交流协作能力不强。

三、中职生自主学习能力的培养对策

调查结果显示,中职学生自我监控能力、信息处理能力、知识运用能力、交流协作能力四个方面都比较弱,可见中职学生自主学习能力亟待提升。文章从四个方面提出了具有针对性的培养建议,以望能有效提升中职学生的自主学习能力。

(一)激发自主学习动机,示范自我监控策略

中职学生自主学习动机的激发是自我监控能力培养的前提条件,自我监控策略的掌控是自主学习动机得以维持的后续保障。在教学过程中,教师首先应该采取多样化教育方式激发中职学生的求知需要,如对中职学生进行励志教育,让他们深信学习价值的真正体现需要持续不断的努力;及时评价和反馈中职学生平时的学习情况,引导他们正确评价自己,树立学习自信心;实施人本化的教学方式,注重教学内容的新颖性,吸引中职学生的注意力,激发他们的学习兴趣。其次,向中职学生示范自我监控策略,引导学生控制和调节自己的学习进程。元认知策略是自我监控策略的核心,教师除了向中职学生明确指出元认知的含义、具体内容和使用技巧外,还应该结合具体教学内容向学生示范并讲解元认知策略,使原本抽象思维能力不强的中职学生能够更加直观地了解元认知的具体操作步骤和有效使用元认知策略来监控自己的学习过程,从而提高自己的学习效果。此外,意志品质是使自我监控过程得以持续的动力。中职学生坚强的意志品质的形成需要学校、家长和老师长期的共同教育和引导。

(二)倡导信息收集意识,增强信息处理能力

良好的信息收集意识是信息收集能力的前提,扎实的信息收集能力是信息处理能力的渠道。在教学过程中,教师首先应该让中职学生充分感受到信息技术的强大功能和实用价值,潜移默化地培养他们的信息收集意识,

如利用多媒体网络进行教学，向中职学生呈现网络学习资源的丰富性和种类的多样性。其次，向中职学生传递各种信息收集渠道和信息收集方法，培养其扎实的信息收集能力，如向中职学生展示利用信息技术收集学习资料的具体过程，并告知中职学生与其所学专业相关的一些具体的学习网址、论坛、期刊、电子刊物等。最后，教会中职学生采取认知策略对收集到的学习资料进行加工处理，引导中职学生对已收集到的学习资料与原有的知识进行整合，有选择地获取所需信息，从而增强中职学生的信息处理能力。中职学生对认知策略的熟练运用，不仅有助于专业知识的有效学习，而且有利于课外丰富学习资源的有效提取，是信息处理能力的重要体现。

（三）定位教学目标，改变内容呈现方式

中职学生专业理论知识基础比较薄弱，对中职学生知识运用能力的培养需要以实践能力为主、理论深化为辅。因此，教师必须根据中职学生的生活背景、知识储备情况量身定位教学目标，以实际问题情境为依托呈现教学内容，并加强实践活动的开展力度。

教学目标的设置是呈现教学内容和实施教学过程的首要前提，教师首先应该重新定位学科教学目标，突破以系统知识的掌握或学科逻辑思维能力的培养为导向的教学目标，确立以现实生活和社会实践的需要为出发点和立足点、以学科知识的实践应用为切入点制定学科目标。[①] 其次，教学目标的具体实现与教学内容的呈现方式息息相关，教师必须以实际问题情境为依托呈现教学内容，为中职学生的日常知识学习和知识转化提供情境支撑。问题情境必须来源于中职学生的日常生活背景、符合中职学生的"最近发展区"、涵括知识运用的实际条件、营造良好的学习氛围、具有某种程度的不确定性等特点。最后，为了深化中职学生对所学知识的理解，并综合运用所学知识解决社会和生活中的实际问题，教师应该根据课程内容的特点有针对性地组织中职学生参与综合实践活动，让他们充分感受到知识的实用价值，这不仅有助于理解与社会实践活动相关的抽象知识，而且还有助于提升中职学生的知识运用能力。

（四）营造交流协作氛围，注重交流协作技巧

交流协作氛围是交流协作技巧的孵化池，交流协作技巧是交流协作能

---

① 张琼：《以实践能力培养为取向的知识教学变革研究》，华中师范大学学位论文，2011。

力的关键之所在。为了培养中职学生的交流协作能力,教师首先应该给中职学生创造一个良好的交流协作氛围,有意识地根据教学内容的需要合理组织中职学生对具体的学习内容进行自主探索、交流协作。如在授课过程中给中职学生预留一定的时间进行小组讨论,并及时对讨论结果进行反馈;在实验实训课中,可提前根据学生的学习成绩、性格特点等方面混合搭配进行分组,组员人数以 2~4 人为标准,这样的合理分工可以增强中职学生的实践操作参与度;在作业布置方面,可以开放式作业为主,倡导中职学生通过合作交流来完成,以小组为单位提交纸质作业。其次,在平时的教学过程中,教师必须注重自身的语言表达能力以及与学生的沟通交流方式,在中职学生交流协作技巧的培养方面起引领示范作用。最后,教师还要向中职学生强调良好的交流协作能力的形成需要他们时刻保持认真听讲、大胆发言和虚心请教等积极态度,如在他人发言时注意倾听,根据发言的要点及时做出自己的判断;在进行小组讨论时能围绕讨论主题及时发表有针对性的见解;在交流协作过程中,遇到难以解决的问题时应虚心向教师或者同学请教。此外,对于一些性格偏内向或不善言谈的中职学生,教师应该积极引导和鼓励他们进行交流协作。

第十一部分 保障与动力：中职生学习动机激发与质量提升之保障机制

教育"9+3"计划是我国西部大开发战略的持续深入，是贵州省工业化、信息化、城镇化、农业现代化步伐（以下简称"四化同步"）不断加快的表现，是贵州省委、政府根据本省经济社会尤其是教育实际现状做出的重大决策。此计划的出台，有力地推进了职业教育的发展。截止到2013年年底，全省中职招生30.5万人，中职学生在校生规模创历史新高。然而，中职学生学习动机严重不足，不仅影响了中职学生个人的发展，也阻碍了我国职业教育的持续发展。①研究表明，学习动机是激发个体进行学习活动、维持已引起的学习活动，并使个体的学习活动朝向一定的学习目标的一种内部启动机制。②在职业教育领域，大家一般认为，学习动机通过制约学生的学习行为进而影响学生的学习质量。③正因为如此，如何在教与学的过程中有效激发学生的学习动机一直是国内外广大心理学家、教学设计专家和教育者普遍关注的一个话题。④文章从贵州省中职学生学习动机激发策略和学习质量提升之举措入手，重点探讨学习动机与学习质量之互动保障机制，旨在为贵州省更好更快地落实教育"9+3"计划提供方法借鉴。

一、中职生学习动机的激发策略

（一）学习动机激发策略的研究综述

学习动机的激发是指在一定教学情境下，利用一定的诱因，使已形成

---

① 李凤香：《关于中职学生学习动机及其成因的调查》，《职教论坛》，2011（17）：10-12。
② 冯忠良等：《教育心理学》，人民教育出版社2010年版，第226页。
③ 王有智、彭虎军：《城乡初中生学习动机及影响因素对比研究》，《陕西师范大学继续教育学报》，2002（9）：90-92。
④ 罗双兰：《关于如何激发学习动机的相关研究述评》，《广西师范大学学报（哲学社会科学版）》，2004（10）：95-100。

的学习需要由潜在状态变为活动状态，借以形成学习的积极性。所谓学习积极性，是指学生在学习活动中所表现出来的那种认真、紧张、主动和顽强的状态。由于引发学习动机的心理因素具有多样性和复杂性，由此派生出多种不同的学习动机理论，这些理论分别强调不同的侧面。行为主义动机理论主张通过设置外部的奖赏和目标来激发学生的学习动机；人本主义动机理论则强调建立良好的师生关系与学习环境来激发学习动机；认知学派动机理论提倡调动学生的内部认知因素来激发学习动机。

蒙妮奎·博卡尔兹（MoniqueBoekaerts）在《学习动机的激发原理》中认为激发学生的学习动机应围绕其动机信念展开。凯勒（Keller，1987）基于期望价值理论提出 ARCS 动机模型，认为激发学生的学习动机应在策略上引起学生的好奇心、内容上学生认为有必要、难度上学生认为有能力学好和结果上学生认为满意。沃特科沃斯基（Wlodkowski）综合各种动机理论提出 TC 动机模型，认为激发学生的学习动机应从态度和需要、刺激和情感、能力和强化，分三个阶段从六个方面激发学生的学习动机。

我国学者对如何激发学生的学习动机也进行了深入的研究，并取得丰硕的成果。刘晓静同志（2010）主张从教学任务、教学环境和学生自我三个方面来激发中职学生的学习动机；江进梅同志（2011）主张按学习进程分阶段激发中职学生的学习动机；付海兰等同志（2014）主张从纯化学习的内部环境和优化学习的外部环境等来激发中职学生的学习动机。

（二）贵州省中职学生学习动机激发策略

无论是以蒙妮奎·博卡尔兹等为代表的动机信念学说，还是沃特科沃斯基等的三个阶段六个方面的动机建设论点，它们都对中职学生学习动机的激发具有重要的帮衬作用。然而，考虑到贵州省职业教育的发展实际，尤其是在教育"9＋3"计划背景下，如何通过采取有效的策略来激发中职学生的学习动机并最终提升学习质量，是一个非常紧迫的问题。正因为这样，研究者强烈建议通过以下策略来激发学生的学习动机。

1. 尊重学生的自主需要

记者申红珊从贵州省教育厅召开的 2014 年全省实施教育"9＋3"计划视频会议上获悉：贵州省中职学校学生流失率达 20% 以上。虽然我们仍不清楚学生流失的真实原因，但是我们仍带着"为什么选择中职教育""为什么选择这所中职学校""为什么选择这个专业"等问题在某中职学校随机采访了 20 位学生，得到的相应答案是"因为考不上普高"占 100%，

"初中班主任安排的"占75%,"跟着前面的同学填写的"占70%。由此我们也基本上可以得出结论:绝大部分中职学生选择中职教育,选择哪所中职学校,选择哪个专业,并非出于他们的自主需要。所谓自主需要,自我决定理论认为个体天生希望由自己而不是他人做出决定的需要,当决定由自己做出时会产生兴趣并持之以恒去完成,反之会感到不愉快并放弃。[①] 这种结果给我们的启示是:在初中阶段应加强职业生涯教育,让学生从心底认可并自我决定是否选择职业教育;在中职招生阶段做实中职学校特色宣传,让学生自我决定选择就读哪所中职学校;在新生入学阶段实行试读制,让学生充分了解学校的每一个专业特点后再决定选择哪个专业。

2. 满足学生的基本需要

调查表明,教育"9+3"计划背景下招收的中职学生,年龄几乎在15岁左右,94%来自农村或城乡接合部,67%的家长外出务工,16%为单亲或再婚家庭。总的来看,我们认为这些中职学生心理上缺失基本需要。人本主义心理学家马斯诺将人的需要按其性质由低到高分为生理需要、安全需要、归属与爱的需要、尊重的需要、求知的需要、审美的需要和自我实现的需要七个层次。并且认为:各层次之间不但有高低之分,而且有前后顺序之别,只有低一层的需要获得满足之后,才会产生高一层的需要。这七层需要又可分为两大类:较低的前四层需要称为基本需要,较高的后三层称为成长需要;基本需要是成长需要的基础,在基本的需要未得到满足之前,不会产生求知的需要,自然也就不会有学习动机提升的需要。这一理论给我们的启示是:温馨的校园、整洁的宿舍、明亮的教室、和蔼的老师、公平的校规、友善的同学、进取的学风及丰富的活动等能让学生获得安全的需要、归属与爱的需要和尊重的需要,进而使中职学生产生强烈的学习动机的需要。

3. 引导学生树立正确的成就需要

成就需要是个体参照某种标准去追求成就感的欲望。默瑞(1938)认为,人格的中心由一系列需要构成,其中之一即成就需要。这一需要使人追求较高的目标,完成困难的任务,竞争并超过别人。也就是说,个人取向的成就目标和评价标准主要由个人自己来决定,选择什么样的行为来达到成就目标和评价也是由个人自己来做主,成就行为的效果和评价标准还

---

① 张剑等:《自我决定理论的发展及研究进展评述》,《北京科技大学学报(社会科学版)》,2011(12):171-177。

是由个人自己来制定。教育"9+3"计划背景下中职学生虽然是初中阶段学习的失败者，但是他们也有自己的成就需要，于是有的学生用"破坏公物、聚众打架"的方式来引起他人注意并获取他人的认可；有的学生则选择"沉默寡言、独来独往"的方式来逃离现实以避免伤害。这给我们的启示是：学校要从中职学生的成长特点出发，因势利导开发多样化的校本课程，让每个学生都有展现自我的舞台；教师应根据学生原有的基础，布置相应难度或具有挑战性的学习任务，从而保证让每个学生都有出彩的机会。

4. 提升学生的自我效能感

近年来，"现在的中职学生不爱学习"已成为大多数中职学校教师的共识，但其中有一个有关学生自我效能感强弱的关键性问题。而所谓自我效能感就是人们对自己能否成功地完成某一任务的主观判断。也就是说，高自我效能感的学生从以前多次获得成功的体验中预先肯定自己能完成新的挑战任务，这一预感具体表现为积极承担学习任务，在困难面前保持斗志昂扬、激情澎湃和信心十足；而具有低自我效能感的学生则从以前多次遭受失败的体验预先否定自己能完成即使是简单的任务，具体表现为对学习任务持冷眼旁观、得过且过和能推则推的逃避态度。这给我们的启示是：要让学生明确体会到老师的期望，布置的学习任务不应太难，制定的学习目标不应太远，对学生取得的成绩应要立即表扬，对学生的在校进步要及时反馈给家长。

5. 激发学生的学习兴趣

杜威（1913）认为："对一个事件或观念有了兴趣，胜过其他的原动力鼓励人们去行动。"从教育心理学的角度来说，学习兴趣是一个人倾向于认识、研究获得某种知识的心理特征，是可以推动人们求知的一种内在力量。教育"9+3"计划背景下如何扭转中职学生"没几个愿学""经常逃课""上课要么睡觉，要么玩手机"等类似的厌学现象？诸如此类给我们的启示是：完备的学习设施能让学生体会"做中学"的乐趣，贴切的校本教材让学生从已有的经验中产生学习的欲望，教师采取的情境教学法能激发学生的情感体验，支架式教学法能帮助学生顺利通过最近发展区获得成功喜悦，案例教学法能促使学生从主动探究和合作学习中找到学习乐趣。

6. 树立榜样

榜样就是楷模，是值得学习的人或事物。班杜拉（1971）的观察学习理论认为，人们可以通过观察他人的行为及行为的后果而间接地产生学习动机。在对某中职学校随机采访的20位学生中，问"今后有何打算"时，竟然有85％的学生回答"混"，这不得不说是当前中职学校甚至整个中职榜样教育方面工作的缺失。这样的结果给我们的启示是：教师是学生最为直接的模仿对象；优秀毕业生的成长事迹应写入校本教材；定期或不定期地邀请毕业生到校作成长报告；学校加强对外宣传时更应注重内涵建设；不仅要重视一次就业率的高低，还要注重提高毕业生的转岗成功率。

二、中职生学习质量提升的关键举措

（一）贵州省中职学生学习质量外在表征维度

所谓学习质量，就是对学校教育教学活动满足学生及其家长、用人单位、社会和政府等主体现实的或潜在的需要的特性总和的评价。由此可见，中职学生学习质量是衡量一所中职学校学生学习效果的重要尺度，它既是构成中职教育的核心要素，也是评价中职教育质量的核心标准。教育"9+3"计划以其肩负的历史使命和所占的高度、深度和广度赋予了职业学校更大的重任。为此，对贵州省中职学校学生的学习质量评价工作而言，必须从不同的视角去审视。首先，教育"9+3"计划贯彻"培养德、智、体、美全面发展的社会主义事业的建设者和接班人"的教育方针，以实现人的全面发展为旨归，因此能否激发中职学生的学习动机就成为此计划顺利实施的关键。其次，教育"9+3"计划坚持以市场为导向的职业教育办学方向，以满足学生有业乐业的诉求，因此培养中职学生的综合职业能力是此计划顺利实施的核心。所谓职业能力，是指个体在职业活动中综合运用知识、技能、态度和经验等要素解决实际问题的能力。最后，教育"9+3"计划秉承终身学习的理念，以培养学生学会学习为目的，因此加强学习策略训练就成为教育"9+3"计划顺利实施的重点。所谓学习策略，是指学习者为了提高学习质量所采用的方法。

（二）贵州省中职学生学习质量提升的关键举措

1. 激发学习动机

首先，学习动机一直是教育心理学研究的重点领域。人本主义心理学家一直把学习动机看成是人性成长发展的基本内在原动力，并且认为所有学生都有学习动机，而如何激发学生的学习动机并专注学校的教育内容和教师的教学科目,则是学校教育成败的关键。另外,已有的研究成果也表明:①学习动机对学生的学习活动具有启动、导向和调控的功能。②具有学习动机的学生更倾向于进行有意义的学习并力求理解所学的内容,呈现在人们面前的是一种"我要学"的积极态势。③耶克斯和多德森(1908)通过对动物的实验研究发现,中等水平的学习动机更能取得好的效果。④总体而言,学业质量与学习动机呈显著正相关。其次,激发学生的学习动机是落实教育"9+3"计划的客观要求。教育"9+3"计划背景下的中职学生,大部分虽然在初中甚至小学阶段也曾努力学习过,但一直没有取得较为理想的学业成绩,结果养成了习得性无助样态,对学校教育产生敬而远之的心理,对学习任务表现为弱动机甚至无动机,最终不得不选择中职教育。所谓习得性无助,是指因为重复的失败或惩罚而造成的听任摆布的心理状态。最后,激发学习动机是促进个体全面发展的必然要求。通过激发学习动机,与中职学生个体发展有关的一切积极因素都被调动和激活起来,最终促使中职学生全面发展目标的实现。

2. 加强职业能力培养

其一,加强职业能力培养是中职教育的本源回归,更是对过去单一的知识化、技能化、专门化和工具化的中职教育的摒弃。教职成〔2001〕2号文件指出:中等职业教育的特色在于使学生在掌握必需的文化知识和专业知识的同时,具有熟练的职业技能和适应职业变化的能力;其二,加强职业能力培养是教育"9+3"计划的现实需要。①从学生的视角来看,对于学校可学的东西丰富多样,学起来特别有意思,不仅如此,还能将学到的知识和技能带回家里,帮亲朋及乡邻解决一些生活上的实际困难,这就是自己学的东西有用的具体表现。②从学校的视角来看,对于那些存在习得性无助的学生,通过职业能力的具体学习情境让其产生直观感受,体会"做中学"的乐趣,从"要我学"质变为"我要学",这就是学校办学成功的标志。③从企业的视角来看,素质好、上岗快、能力强、能合作、留得住就是人才,就说明学校的教学质量好。④从家长的视角看,孩子在校期间不滋事、不逃课、懂节俭、有礼貌、有见识,还能有一技之长,就证明学校会教育。孩子毕业后工作稳定,收入增加,还能经常给钱补贴家用,就证明孩子当初选对了学校。其三,加强职业能力培养是应对经济社会巨大变革的必然需要。联合国教科文组织在2007年的一份全球调查分析资料中的数据显示,在美国、法国、德国等工业发达国家,就业者在业期间平均更换4~5次工作岗位。这种巨大变革影响着社会职业结构和就业方式的转变：一是岗位的高、新、尖技术不断涌现，要求劳动者应具备良好的学习能力和创新能力；二是工作方式发生了根本变化，工作更多地依靠团队合作及与人沟通来完成；三是岗位流动性加快，劳动者必须具备可持续发展能力和职业迁移能力，以适应未来职业岗位主动或被动迁移的需要。

3. 加强学习策略训练

第一，学习策略是教育心理学近来研究的关注点之一。梅耶（1988）认为，学习策略在学习活动中可以提高学习效率；加涅（1985）认为，学习策略可以使学习者从内部进行组织调节自己的注意、记忆和思维等；腾伯格（1983）认为，要达到高质量的学习活动，学习策略是必不可少的。刘加霞（1998）、王振宏（2000）等实证研究结果表明，学习策略与学业成绩呈显著正相关；李凤杰（2008）认为通过改善学习策略后激发学习动机更能促进学习进步。第二，提升学习策略是教育"9+3"计划的应然要求。虽然国外研究发现：婴儿天生就有学习能力。然而这一结论在教育"9+3"计划背景下的中职学生当中并没有沿袭和体现出来，究其根源，我们认为这与他们过去的学习经历中缺失学习策略训练，导致没有学习策略或学习策略不当有关。第三，高水平的学习策略是终身学习的趋势使然。在当前的全球变革背景下，终身学习的趋势越来越猛烈，学会学习成为社会对每个成员的客观要求，即"未来的文盲不是不识字的人，而是没有学会怎样学习的人"。

4. 提升"双师"素质

提高"双师"素质的应然策略主要有：一是实践策略。与普通教育教师专业化发展强调理论知识侧重点不同，中等职业技术学校"双师型"教师专业化发展更强调实践策略。事实上，关注教师实践策略在一定程度上就是时刻遵循职业技术学校的教育目标。培养数以亿计的主要从事第二、三产业的应用型职业技术人才是中等职业技术学校教育目标。为了培养应用型技术人才，需要中等职业技术学校"双师型"教师加强相关能力和技能的训练，"双师型"教师综合素质的高低直接影响着中等职业技术学校技能型人才的培养质量，也在很大程度上左右着中等职业技术学校教师教育教学改革的力度和强度。作为中等职业技术学校的"双师型"教师，应熟悉本专业领域内一线企业生产的现实情况，掌握相关职业领域内的操作技能及管理规范，遇到企业生产中的复杂难题时能够现场解决。此外，要在思想上始终与时俱进，关注国际上专业的前沿信息及技术手段更新情况，掌握相关专业的先进技能，用最新的一线专业理论及技能武装自己，使自己尽快成为一个理论与技术兼备的行手专家。二是教学策略。教学策略是指中等职业技术学校"双师型"教师必须具备的教育教学能力。所谓教育教学能力是指教师在教育教学的过程中，以教育理念和各科课程标准等为依据，对教育教学进行有目标的加工与处理，进而在此过程中不断得到自我成长提升的能力、适应学生个别差异的能力以及自我反思的能力。为了有效促进职业技术教育教学，需要教师尤其是"双师型"教师具备相应的以职业道德规范、教育教学风范、实践指导能力等为主的教育教学能力。而为了获得这一能力，需要从以下几个方面做出一些实质性的尝试：一方面，中等职业技术学校"双师型"教师要具备精深的理论专业知识、学科专业知识以及广博的科学文化知识等；另一方面，中职教师在基于理论专业的基础上从事于企业生产一线的实践，打造自身娴熟的操作技能。事实上，这需要从理论与实践两方面共同努力来加以提升。三是研究策略。在国际职业技术日新月异的今天，中等职业技术学校"双师型"教师除了做好教育教学本职工作之外，还需要加强自身科研能力建设，促进其教师专业化进程跟上时代发展的步伐。基于此，职业技术学校的教师就必须高度重视研究策略。事实上，研究策略是指中等职业技术学校"双师型"教师在教育科研过程中必须坚持的原则与方法。当然，研究策略对于"双师型"教师专业化的长远发展意义重大，"双师型"教师专业化发展不仅仅囿于传统的、重复已有的理论知识与实践操作技能，而是在已有基础上进行有意识的加工与创造，尤其要用批判性眼光看待自身的专业化发展，要在不断的反思与创新中切实促进自身的专业化发展。实际上，这也是"双师型"教师重新发现自我、认识自我、塑造自我与提升自我的过程。要想真正从实质上促进"双师型"教师队伍建设，需要统筹兼顾课堂教学、实践培训与教育科研三者之间的关系，借以突出"双师型"教师的研究策略。

此外，在研究维度和方向上，中等职业技术学校"双师型"教师应注意以下三点。其一，探究中等职业技术教育的内在规律与本质特点，并因时制宜地遵循与利用职教的发展规律，以科学的思想理论为行动指导，始终坚定不移地走职业技术教育理论与实践相结合的道路，并指导中等职业技术教育教学工作；其二，充分研究与有效利用职业技术教育教学的规律。为了有效促进职业技术学校教学改革的深入发展，需要以职业技术学校教学的现实诉求和学生的现实需要为出发点来寻找问题，并基于问题进行相应的课题探究，进而为建立完备的课程体系以及优化的教学策略等打下良好的基础，最终促进职业技术教育的应用型人才教育目标的尽快达成。其三，拥有高瞻远瞩的规划和研究视野。作为中等职业技术学校的"双师型"教师，要时刻具有敏锐的专业发展紧迫感，要基于社会和市场的需求做出科学的市场分析、行业分析以及职业岗位分析；与此相对，要做出改革和调整中等职业技术教育教学内容、教学方法以及人才培养目标，进而使职业技术学校的人才培养工作与社会职业需求密切对接。

三、中职生学习动机与质量互动保障机制

（一）学习动机与学习质量良性发展的内在促进策略

1. 努力促进学习动机与学习质量一致

学习动机并不直接作用于学习质量，它对学习质量的影响必须通过学习行为这一中介变量才能实现，这就导致学习动机与学习质量的关系既一致又不一致。所谓一致，是指学习动机强、学习行为好，学习质量佳。所谓不一致，是指：①学习动机不强，但学习行为好，最终其学习质量好，即正向不一致；②学习动机强，但学习行为不好，最终其学习质量不好，即负向不一致；③学习动机弱，学习行为也不好，最终学习质量差，即负向一致。这样的结果给我们的启示是：①当学生的学习动机与学习质量呈正向不一致时，关注点应在学习动机本身；②当学生的学习动机与学习质量负向不一致时，关注点在影响学习行为的外来要素，如智力水平、学习基础、学习任务、教师指导、学习策略、学习资源、个性特点、身体素质等方面；③当学习动机与学习质量呈负向一致时，关注点不仅在激发学习动机，也在外来要素。

2. 利用学习质量激发学习动机

奥苏贝尔曾经指出，学习动机与学习之间的关系是典型的相辅相成的关系，绝非一种单向性的关系。也就是说，激发学习动机能提升学习质量，高水平的学习质量也能通过学生的学习行为进而产生高水平的学习动机。基于学习动机与学习质量的这种辩证关系，我们就不难理解加涅（1962）的教学主张：对于那些尚无学习动机的学生，教学的最好方法是有效地教他们掌握有关知识，让他们获得成功的体验，进而产生学习动机。它给我们的启示是：①教师要亲近学生，利用个人魅力感染学生，达到"亲其身，信其道"的境界；②教师要善于捕捉学生的优点，并给予适时的赞赏；③

教师要善于创设情境让学生产生认知冲突；④给予学生的学习任务不宜太难，要能满足其成就需要。

（二）学习动机与学习质量有效互动的外在保障措施

1. 统筹规划是根本

正如前文所述，学习动机与学习质量保持一致是中职学生内在学习规律使然。然而，由于这样或那样的因素的影响，学习动机与学习质量在多数情况下又表现出众多的不一致。教育"9+3"计划就是从顶层设计开始，试图从根本上通过统筹规划各要素，最终驱动学习动机与学习质量保持一致。具体来讲：一是统筹规划区域内职业教育与产业结构的关系，突出职业教育为当地经济社会服务的功能；二是统筹规划现有中职学校各自集中精力办好二至三个专业，以若干又"专"又"精"的中职学校为骨架构建现代中职教育体系；三是统筹规划"中职—高职—本科"教育发展的有效路径，打通中职教育的"断头"路，拓展中职教育的上升空间；四是统筹规划好中职教育与普通高中教育均衡发展，彰显学历教育与技能教育的同等重要地位。

2. 健全制度是推动统筹规划得以执行的关键

具体来讲：一是用制度规范政府、部门、行业及学校各自的职能，既防止不作为，又控制乱作为；二是用制度保障中职的办学经费及校企合作、顶岗实习的税收优惠等能落到实处，防止"只闻楼梯响，不见人往来"的现象再发生；三是用制度来规范中职学校的招生行为，打破县域生源封锁，敞开教学资源，尊重学生自我决定；四是用制度来保障中职学校的专职教师、兼职教师和技能人才等的社会地位，重塑技能成就人生的榜样；五是用制度来规范中职学校学生的学习质量，借以引领中职学校的办学行为。

3. 保障经费投入是各项制度落实的前提

职业教育是一种"准公共产品"，教育"9+3"计划背景下的中职教育自然也不例外。这一特征具体表现在：①足额经费投入是中职学校开展正常教学活动的基本保障；②落实"教师的平均工资水平应当不低于或者高于国家公务员的平均工资水平"是维持在职教师工作热情的外在条件；③专项经费投入是学校开展教研活动和对外交流、聘请企业和行业专家的基础要件。

4. 有效评价是导向

学生、学长、用人单位、社会及政府分别从不同的视角构成质量评价的主体，共同指向学校，促使学校在校园文化、师资培养、专业建设、课程设置、教材开发、教学方法等方面进行自我完善。具体来讲：①招生"增长率"为正向，表明学生、家长和社会认同学校的办学质量与办学过程；②学生"巩固率"高，说明学校的校园文化、教学任务、教学方法等能满足学生的需要；③学校"就业率"高，说明学生素质高，既能自谋职业，又能参与学校组织的集中推荐；④学生"升学率"高，说明学校不仅在岗位技能、基础知识和专业知识等方面的培养有效果，而且也表明该校的培养目标有更高的标准；⑤毕业生"就业稳定率"高，说明学校不仅培养了学生的岗位技能，还培养了学生的爱岗敬业素养；⑥毕业生"转岗成功率"和"创业率"高，说明学校不仅培养了学生的专业能力，而且培养了学生的综合职业能力。

综上所述，我们对教育"9+3"计划背景下中职学生学习动机与学习质量之互动保障机制进行了宽泛的探讨，厘清了学习动机与学习质量良性发展的内在促进策略与有效互动的外在保障措施，为贵州省更好更快地落实教育"9+3"计划提供方法借鉴，为后续深入量化研究做了铺垫。

第十二部分　效果与反响：学习动机与质量提升案例分析

为了有效地验证中职学生的学习动机与学习质量的提升情况，研究者随机在贵州省抽取了两所中职学校，一所是位于黔南州的瓮安县中等职业学校，另一所是贵州航天职业技术学院下属的中等职业学校。

一、瓮安中等职业技术学校学生学习动机与质量提升案例

瓮安县中等职业学校创建于1986年，校园占地面积20万平方米，校舍建筑面积8.3万平方米，投资总额2.5亿元。现有实训设备总值约1860万元，教职工195人（兼职教师16人），中、高级职称占专任教师的54%，专业理论教师中"双师型"教师占60.5%。在校学生5 691人，有95个教学班，是黔南州县级职业学校规模最大、办学效益最好的学校。该校始终坚持"以服务为宗旨，以就业为导向"的办学方针，以创办"一流职业教育"为目标。该校2005年被贵州省教育厅评为"贵州省重点中等职业学校"，2009年被教育部评为"国家级重点中等职业学校"。2010年被省人力资源和社会保障厅评为"贵州省第58国家职业技能鉴定所"。2010年被贵州省教育厅定为"贵州省中等职业示范学校"创建单位，2011年被教育部评为"国家级示范中等职业学校"。如今，该校教职工正满怀信心，坚持不懈地进行教育教学改革，狠抓教学质量提升工程。经过近两年的努力，涌出了一批学习动机、学业表现较好的优秀学生。

（一）情系幼教专业的朱启兰同学

朱启兰，女，瓮安县中等职业学校2013级学前教育专业1301班在校学生，出生于玉山镇新卫村一个贫困的农村家庭，在那里，每个父母都希望自己的孩子能有出息，走出大山，朱启兰的父母也不例外。只要是子女们在学习方面有什么需要，父母们都会尽量满足。但是，中考的时候有的子女还是让他们的父母失望了，特别是像朱启兰这种家庭，如果没有考上

高中，就只有外出务工，所以她中考的失败对其父母无疑是一个不小的打击。不过朱启兰告诉老师："……就算如此，我的父母依然没有放弃我。他们希望我能去读卫校，而我一心只想读职校，当我说出这一想法的时候，所有的亲人和朋友没有一个人支持我，但我的脾气也是比较倔的，只要我决定的事就一定要做，最后我如愿以偿地来到了职校……走在瓮安职校的运动场上，我第一次亲耳听到了那美妙的钢琴声音并亲眼看到了钢琴，一位学姐的一首《情深深雨蒙蒙》让我爱上了这个乐器，学姐告诉我：只要选择学前教育专业便可以学习钢琴，后来在填选专业的时候我选择了学前教育——只为钢琴！当时的想法就是能像学姐那样可以轻松地弹奏每一个音，每一首乐曲……"

"说实话，刚开始的时候她们什么都不懂，学起来也很枯燥，但我没放弃她们，我一直鼓励她们要努力地勤学苦练，因为毕竟这是大家心里最想要的，这也是大家自己的选择！"他们的钢琴老师说。

学前教育本身就是一个需要勤学苦练精神才可能成功的专业，随着时间的推移，要求过关的科目越来越多，而多数学生又缺乏毅力，所以在很长一段时间学生都处于一种疲惫、厌学状态，甚至有辍学的念头。在朱启兰同学的周记里我们看到："……经过努力，我的钢琴技能有了进步，然而问题又来了，第一次考普通话没有考过，为什么没有考过呢？首先我的基础知识早就忘了，什么声母韵母、前鼻韵后鼻韵都分不清了，其次我把这个看得过于简单，我认为普通话张口会说就行了，结果……这次没有通过普通话考试确实让我很失落，我郁闷了一天。我开始反思，难道我来这里只是为了钢琴吗？不，不是！我开始重新为自己规划学习任务，在不放弃钢琴的同时学习其他科目，考取教师资格证。首先学习的就是普通话，从最基础的拼音开始学习，最终在老师和同学的帮助下，我顺利地通过了第二次普通话考试，虽然成绩不是很理想，但总算是过关了。普通话考试通过了，接下来要准备的就是教师资格证的笔试考试。功夫不负有心人，准备了几个月的教师资格证笔试通过了，我首先想到的是把这个消息告诉我的父母，因为我要告诉他们就算我没有考上高中，就算我读的是职业学校，也并没有给他们丢脸。如果我没有读职业学校我可能成天抱怨生活。选择职业学校我不后悔，因为在这里我尝试了我曾经从未尝试和不敢尝试的，在这里我学会了怎么做人、怎么做事，更体验到了成就感，拥有了自信，当然这些都离不开老师对我的鼓励、帮助和同学们的陪伴——我感谢他们！"

目前，朱启兰同学正在准备教师资格证考试的最后一个环节——面试。我们真诚地祝福她能顺利通过。

（二）琴声点燃希望的杨道红同学

杨道红，瓮安县玉华乡岩根河村一个普普通通的农村女孩，2013 年 4 月 20 日与其他同学一道来到了瓮安职校。在老师的指导下，她选择了学前教育专业，被分到 1302 班。与许多同学一样，刚来到这个专业班的时候，新的环境、新的希望，学习积极性还比较强。半期过后，老师们感觉学生学习比较懒散，不想学习，学生也觉得学习没有什么意思，于是得过且过，老师上课也不想听，可以说对学习完全没有了兴趣。杨道红同学也不例外，问她是什么原因时，她也说不出为什么，只能说"可能是上初中的时候养成的习惯吧——认为到职校读书就是来混年龄和文凭的！再加上看见有的同学来这个专业一段时间后有了进步、有了特长，自己又没有，所以更加对学习失去了兴趣，还说曾经那段时间因为对这个专业不懂，差点产生不想继续学下去的念头。"

"就在我迷茫而不知所措的那段时间里，一次绝非偶然的机会，令我的学习态度来了个 180 度的大转弯。那天中午我没午休，待在教室里，突然不知从哪里传来了一段美妙的钢琴曲，正当我胡思乱想的时候，我的班主任吕培老师来到教室并轻声告诉我：想知道是谁在弹奏钢琴吗？我惊奇地看了看老师，点了点头。吕老师神秘地向我招了招手，转身朝教室外走去，我迅速起身跟了过去，来到五楼钢琴实训室。我看了看坐在钢琴前面的一个学姐，只见她的手动来动去的，哦，原来美妙动听的钢琴曲是这个学姐弹奏的哦！吕老师说：认识她吗？喜欢吗？只要你肯学，你也可以成为她！后来，我便对钢琴产生了兴趣，可是，我什么都不懂啊。就只能乱弹琴。那时候，我连基本的音阶都不懂，更不用说什么乐理知识了。吕老师在那天的'我的班级我的家'主题班会课上告诉我们：每个同学都要给自己规定一个实实在在的学习任务，每天进步一丁点，把大目标分解为一个一个的小目标就 OK 了。每当我看见别人的双手在钢琴键上一舞动就可以发出美妙的声音时，我在心里对自己说，我一定要学会钢琴。从此，我便刻苦学习乐理知识，中午不休息，去琴房练琴，通过老师的鼓励、讲解和自己的努力，我终于会弹几首简单的儿歌了。我觉得之前的努力没有白费，现在我发现钢琴确实很适合我，我便更加勤学苦练了。通过近一年的努力，我现在的钢琴水平已经提高了许多，特别是我会弹几首儿歌后，老师给我讲了如何弹即兴伴奏与大曲子。刚开始学即兴伴奏的时候，我老是弹得不理想，老师告诉我不可以放弃。在他细心的讲解与鼓励下，终于我能进行即兴伴奏了。随即，也会弹一些大曲子了。到今天，我已经可以随便给一首曲子配伴奏了。有了这个经验，在老师的引导下，我对各科的学习兴趣也都提高了，当然学得最好的还是钢琴。我学会了钢琴，便想，其他乐器会不会呢？想到这点，我就去学校乐器社团了解、观察了一下，看见他们有的在吹笛子、埙，有的在吹葫芦丝、巴乌、口琴，还有的在弹吉他……热闹非凡，我便来了兴趣，自己也买了一支笛子，跟着他们学习起来。所以到今天，我也会用许多种乐器吹奏乐曲了，而且我的自学能力也提高了不少，主动学习的自觉性也提高了不少。我因钢琴而感兴趣，所以我觉得：一个人要有自己的一样特长，这样才能提高学习兴趣。现在的我们，依旧是一个平凡的孩子，但是不同的是，现在的我们已经有了自己的特长！只要努力，可以改变很多，你原以为自己不能做到的事，往往会载入我们的青春历史，给我们留下青春的回忆！"

杨道红同学在"奋斗的青春最美丽"主题班会上的这段关于"怎样提升学习兴趣"的交流发言，不仅赢得了全班同学的阵阵掌声，就连班主任也频频点头。这时，一位学姐将杨道红同学的母亲从办公室带进了主题班会现场："感谢老师，感谢同学们，刚才这位同学在办公室里告诉我说，一年前，你们的吕老师为了提高你们的学习兴趣，专门请她每天中午去钢琴室弹了一段时间的钢琴，好让你们去学琴，我家杨道红也学会了弹琴，我们家长会想方设法筹钱给她买一架钢琴让她学……"

2014年12月15日，瓮安职校文教艺术中心举办的学前教育专业学生技能大赛上，杨道红同学以0.5分之差位居钢琴即兴伴奏比赛第二名。

（三）人生华丽转身的柯涛同学

柯涛，男，毕业于瓮安四中，现就读于瓮安县中等职业学校机械工程中心模具专业1403班。来职校前，据柯涛同学的初中班主任介绍，他在初中阶段，学习自觉性不高，缺失学习目标，学习成绩不好，并且也常常迟到旷课，对校规校矩缺乏应有的认识，不愿意服从班干部的安排，对班主任的话有时也左耳进右耳出，属于班上比较典型的"问题学生"。

来到瓮安职校后，面对新的环境、新的起点、新的希望，在班主任老师的悉心教育和同学的关心、帮助下，柯涛同学无论在思想觉悟上、主动学习上，还是在生活习惯上，都有了较大的改变，成为本班老师共推的

"进步之星"学生。

专业老师介绍：这半年来，通过老师对专业知识的讲解及专业技能的实训示范，柯涛同学对所学专业有了充分的认识，特别是对专业实施的项目教学产生了浓厚的学习兴趣。在老师悉心指导下，柯涛同学能根据要求较好地完成学习任务，树立了正确的人生观，没有逃课或迟到早退现象发生，能够自觉、努力地学习各项专业知识，勤奋刻苦，锐意进取。

柯涛在项目教学实施过程中认真表现，逐步培养了良好的职业道德和团队合作精神，他在努力学习专业知识、苦练技能的同时还积极参加学生会干部选举，并且通过努力被选聘为机械工程中心模具专业组的学生会干部。他知道以身作则，以大局为重，毫不吝惜牺牲个人时间；工作踏实肯干，具有热心和责任心，配合班主任和科任老师做好班上的学生工作，对于学校分配的各项活动任务都能积极主动参与，认真组织好每次活动，并做好记录；生活简朴，不追求时尚，善交朋友，以实际行动感染身边的人，在学生中赢得了良好的口碑。

二、贵州航天职业技术学院学生学习动机与质量提升案例

贵州航天职业技术学院前身为原航天工业部所属的贵州航天职工大学（1984年组建）和原劳动部所属的贵州航天高级技工学校（1976年组建）。2000年5月，经贵州省人民政府批准组建，是省内第一批两所高职院校之一。学院地处历史文化名城——遵义市。全日制在校学生8 000余人，其中高职类学生5 000多人；在岗教职员工近360人，其中专任教师200人，副高以上职称近50余人。有延安路校区、419校区和洪江校区三个校区，占地33万平方米，建筑面积13万平方米，固定资产总值8 000多万元，各类馆藏纸质图书30多万册，并配有先进的电子阅览室。学院拥有65个实验实训室，其中由中央财政支持的职业教育实训基地是贵州省唯一由国务院扶贫办授牌的国家级"扶贫培训示范基地"，包括"数控技术实训基地"和"电工电子技术实训基地"。"十一五"期间，承接省、市、区各类涉农培训30000多人，并依托航天企业，建设了近百个校外实训实习基地。学院高职类毕业生就业率连续9年保持在92%以上，中职毕业历年就业率超过98%，累计培养各学历层次、工经管类专业和技术工人48 000多人，为祖国的国防事业建设和地方经济社会发展做出了贡献。目前，学院全体教职工努力发扬"航天三大精神"，以建设贵州省示范性高职学院为目标，

充分发挥"行业办学,校企同源"的优势,与航天企业深度融合,全面加强学院内涵建设,全面提高办学水平和质量。经过近两年的努力,仅中职部就涌出了一大批学习动机良好、学业表现优秀的学生。究其原因,主要得益于该校推出的"感恩激励教育融于请假管理,改善职校学生课堂出勤状况"的考核管理制度。

(一)案例内容简介

2013年国庆假日的最后一天晚上,担任班主任工作一年有余的小王老师尚未从假期劳顿的旅途中舒缓过来,便又陷入学生电话、短信请假的"狂轰滥炸"之中,请假原因大多"惊人地相似":"没赶上车""车晚点了""车票丢了""没买到票""只有夜间上车或抵达的票,怕万一发生安全问题"等,都是难以拒绝、难以反驳、难辨真假的颇具"不可抗力"性质的"正当"理由。

不但在周末、节假日和寒暑假前后大学生请假蜂拥而至,在平时上课期间也屡见不鲜,请假理由更是五花八门:"来例假了""突然生病""陪室友看病""昨夜学习睡得太晚""团委、学生会、社团组织有公务""参加技能、职业资格考试培训""亲人病危、去世、过生日""常年在外的亲人回家探亲或来学校探望""父母为我买车、买房、买保险须本人签字",随着常规的"请假谎言"被识破,新的"创意理由"又应运而生,有些理由还涉及隐私,令人怜悯甚至担忧。

一想起学生们"请假那些事儿",小王老师就禁不住摇头、叹息,仔细总结起来,那些习惯于请假、每次都带着"充分理由"的"请假专业户"们基本都是固定的一部分学生,同时也是令各科老师最头疼、最无可奈何的那部分学生。每次都要"挖空心思"地与学生请假行为"斗智斗勇",小王老师感到十分纠结,哭笑不得。

(二)案例分析处理

1. 理性分析学生请假原因,归纳"请假学生"基本特征

小王老师所在的学校是一所职业院校,也是在我国1999年开始实施大规模扩招浪潮中诞生的一所典型的普通职业院校,学生文化基础、入学成绩相对较差,且由于高职与高中、中职管理模式有较大区别,那些自控能力比较差、没有良好的学习及行为习惯的学生容易放纵自己。有些学生人生目标较为模糊,缺乏学习主动性、计划性,随着数字化和市场经济浪潮的冲击，沉迷于网络游戏、电视剧的大有人在，为追求生活上的宽裕而长期兼职的学生也与日俱增。加上大多数学生都是"90 后""95 后"，有的还是独生子女，是家人的"掌上明珠"，思想状况更为复杂。更有甚者只求混到一张毕业文凭，或因年龄太小，父母担心过早踏入社会不合时宜，又没有时间亲自管教，就送到学校"托管"。

以上多种原因使学生产生了较为严重的厌学思想，出现了较为普遍的逃避上课行为。迫于学院考勤制度的严格细致，学生们便费尽心机地杜撰出各种"出其不意"的请假理由来搪塞班主任及其他层级请假审批人，以此获得"名正言顺"的请假待遇，躲避被认定为旷课的风险。

高职学生请假现象的常态式存在对学院教学的顺畅进行产生了较为严重的冲击，极大地减弱了教师课堂授课效果。学生的缺席也直接影响到班主任对学生行为动态的掌握，进而影响思想政治教育工作的有效开展。长此以往，学生本人的自我约束力会进一步下降，诚信意识、责任意识逐渐减弱，学业也可能会逐渐懈怠甚至荒废。

2. 探究高职学生可塑性特点，给予直入人心的人文关怀

高职学生作为受教育者，在其成长成才过程中难免会受到一些社会的、学校的、老师的、同学的和自身的各种因素的影响，他们大部分虽已成年，但心智未必真正成熟，还很容易"逆反""随大流""我行我素"。因此在教育、引导的过程中不能一味地斥责、严厉地限制，或"霸道"地发表"任谁都无法反驳"的"正确教导"，那样很可能使学生"阳奉阴违""貌恭而心不服"，不但问题得不到解决，而且可能适得其反。

处于 20 岁左右的年轻人，具有很强的可塑性，他们较为单纯，常常理想化、以自我为中心，但他们内心深处都拥有一片洁白无瑕的土地，而感恩之情、成才之梦便是每一位学生历久弥新、充满生气的人性优点的种子，他们其实很期待家长、老师、领导能像朋友、知心人一样与他们平等地交换看法、交流感情，而不是动辄使用监护、管理权力"强势推进"。作为高职院校的教育工作者，当然应该有责任、有能力、有耐心将人文关怀的力量注入学生们内心期待的土壤，切实履行立德树人的教育使命。

3. 感恩激励教育融于请假管理，改善高职学生课堂出勤状况

2013 年 10 月底，通过深入分析、探究高职学生的个性特点和思想状况，并积极向学院从事学生管理工作的领导、老师学习，在经常与学生谈心交心的基础上，小王老师结合自身工作经验，以学生请假条为载体，将感恩、励志教育融于请假管理之中。

小王老师精心设计的请假条标题为"'常思父母·勤学苦练·志在成才'请假条"。除了高校学生请假条的固定栏目和内容外,还用了一些"小创意"。比如:在每张假条正面的页眉右侧标注"回报父母,不能仅是三分钟热情或一句豪言壮语"。在"请假原因"一栏的正上方标注醒目文字"若当您仅为一时之安、一己之安而随意无故请假,试想一下:您父母若知实情,他们充满期待的心将会怎样?"在假条的正下方赫然入目的是:"若干年后,当我们为人父母的时候,我们可以无愧地教育孩子:无故随意地请假是极其自私和不负责任的!"

假条背面则有一则《请假"三思"》,内容为:"一思:我是谁?我是来读书求学的学生青年!我使用的每一分钱都是父母的血汗!二思:我为何读书求学?为了活得更有尊严!为了自我价值的实现!为了爱我的人和我爱的人幸福美满!三思:我的目标如何实现?我要与一切不良习惯一刀两断!我要珍惜父母用血汗为我换来的宝贵学习时间!我要杜绝虚假、不必要的请假,勤学苦练以实现自己的铮铮誓言!"

按照请假要求,当每位学生请假需要签字之前,首先必须在小王老师面前大声清晰朗诵假条正反面以上内容!有些学生抱着侥幸心理找借口请假,当高声朗读完以上内容后,面露惭色,心里已开始感到不是滋味。加上小王老师一番苦口婆心的"攻心战",反复地询问请假理由,仔细核实相关情况,不时旁敲侧击查找"漏洞",击破"疑点",使本就"做贼心虚"地来、已经"有所顿悟"地等的请假学生的心理防线慢慢瓦解,最终只能打消了虚假、不必要请假的念头。领教了小王老师的"杀'假'神器"后,越来越多的学生也开始领会到老师的良苦用心,出勤状况也逐渐得到明显的改善。

4. 持续改进力求尽善尽美,制度护航更显生机活力

有位老师说得好:"只教不管为'空',只管不教为'死',管教结合是学生工作的必由之路。"虽有些绝对,但是有一定的道理。在"'常思父母·勤学苦练·志在成才'请假条"在全系、全院逐渐广泛推行的过程中,也并不是都那么顺利,并不是对任何学生都有效果。用个别学生的"风凉话"说就是:"激将法?我可不吃那一套。"

于是小王老师针对个别学生的情况,开始对请假条进行修改完善,增加了"请假须知"的条款,细化了管理激励措施,以防止"只教不管"的片面性;规定了周末前后一天、节假日前后三天、寒暑假前后一周严禁请假,特殊情况必须由父母出面说明原因。每位学生每月限请一次(折算为

1天8节课）事假，超出按假条5元/张收取并计入班费，一月内全勤者加操行分1分，从而把"教"与"管"有机结合起来，让人文关怀在制度的保护下更好地显示它的生机活力。

（三）案例思考与建议

在我国职业教育逐步发展完善的过渡期，高职学生依然是高等教育体系中一个比较特殊的受教育群体，特别需要班主任和学生工作者投入更多的人文关怀，还需要学校从制度层面不断修改完善适合职校生身心特点的方法和措施。这个时期的学生正值热情似火、活力四射的年龄，却偏偏一切并不那么如意，强烈的自尊心与现实遭遇后便会伤痕累累，若没有得到良好的人文关怀和心理疏导以及适当的"管教"，久而久之便很容易玩世不恭、随波逐流。

注重人文关怀必须找到与关怀对象密切相关、使其心灵震动的切入点。针对高职院校请假学生的特点，应该"疏"重于"堵"，思想"疏通"了，豁然开朗了，再用制度"堵"住劣性的"顽皮"。

人的感恩之情尤其是对自己父母的感恩之情永远是炽热的、虔诚的、纯净的，这种血浓于水的感情对于远离父母的大学生们来说，大多时间是深埋心底的，而一旦被提醒、被唤起、被鼓舞，便会产生意想不到的效果。加上大学生学费、生活支出都来源于父母，以感恩父母、回报父母激励他们成长成才，不但具有浓厚的孝文化鞭策作用，而且具有十分现实的经济驱动力。他们处在踌躇满志、崇尚作为的人生季节，求学成才也是他们的内心渴望和价值体现。

需要特别指出的是，欲使感恩、激励教育在大学生请假管理中发挥长效作用，除了主要依靠高校学生工作者自身不断学习和持续努力外，还要充分发挥好制度的保驾护航作用。

（四）案例专家点评

注重人文关怀和心理疏导是加强和改进新时期学生思想政治工作的新思维、新举措、新途径，以感恩教育、激励教育实现对职业院校"请假学生"特殊群体进行启发式教育、孝文化教育，是一种十分人性化的学生管理方式，也是一种颇具中国传统文化色彩的育人模式，具有直入人心的感召力，学生易于接受，效果也较为稳定、持久。

自从小王老师的这个悄悄的"小创意"在全院推广以来，学院的学习风气发生了非常微妙的"大变化"。其成功之处在于,很好地把握了高职学生的个性特征,谙熟大学生青年的思想状况,以大学生浓郁炽热的感恩之"孝心"、成才之"雄心"激励他们抛弃陋习,告别不良习惯,从而专心于学业,立志成才,回报父母,证明价值。

第十三部分　回眸与远眺：中职生学习动机与质量研究的结论和方向

学习动机与学习质量是一个永恒的研究话题，它不仅在普通教育研究领域中方兴未艾，始终坚持以其深厚的内在底蕴和广博的外在功效引领着普通教育教育教学改革等实践活动不断向前发展，而且在职业教育研究领域中更是风起云涌，不断尝试以其独特的发展魅力和广袤的统摄效用滋润着职业教育的发展历程。这就是说，中职学生学习动机与质量研究已成为当前职业教育研究领域中众多已探索或正在探索的重要课题之一。

正是基于对这一课题重要性和紧迫性的充分认识，本项目的研究者倾尽全力，历时两年对此问题进行了探索。虽然略有心得，不但有若干铅字见诸杂志与报端，而且更有诸多活动见证于学生与课堂。但探索至此，研究者两年的研究周期已时日不多，再加上实验经费的窘迫与研究精力的耗尽等实况，研究者不得不行文至此。虽然研究工作已暂告一段落，但研究者总觉得还有很多问题没有弄清楚，还有很多理念没有搞明白，还有更多的领域需要作更加深入的探究与发掘。虽然如此，但既然目前的研究情境已不适宜于研究者再做更加深远的探索工作，故也只能作出自己浅显的总结并得出以下不成体系的研究结论。

一、研究结论

本研究在对教育"9+3"计划的选题缘由和理论支撑进行认真分析及仔细比对学习动机与质量研究过程中之发展现状和现存问题的基础上，以事实作依据理性地提出了中职学生提升学习动机与质量的互动机理、评价体系、提升路径、支持平台和保障机制。现根据课题的发展进程与研究结果，对本课题做出以下几个维度的研究结论。

（一）背景分析层面：理清意义、明确基础、归结问题

1. 学习动机与质量研究的选题缘由：跨越发展与综合能力

研究在对贵州省经济社会发展的总体情况进行宏观把握的基础上，本

着提升教育质量、服务经济社会发展之宗旨,通过探索贵州省实施教育"9+3"计划中职学生免费教育对于中职学生学习动机和质量将产生的影响,通过教育"9+3"计划增强中职学校的吸引力等途径,认为该项目的研究不但应结合贵州的省情,不断借鉴国外和兄弟省份先进的办学理念和成功的办学经验,并在这些理念和经验不断本土化的过程中创设富有贵州省特色的职业教育办学模式,从而使贵州的职业教育在这些先进理念的引领下快速健康地向前发展,最终通过大批技能应用型人才的不断供给来促进贵州"两加一推"发展理念和"三化同步"战略的顺利实施,而且还应通过合格的"世界级工人"、称职的"应用型工人"、优秀的"创业型工人"、熟练的"多面手工人"以及敏捷的"信息化工人"等人才的不断培养,借以推进贵州快速适应跨越发展之时代要求,甚至还应紧扣职业发展孵化的复合工种要求人类劳动能力具备跨岗位的内涵,技术进步催生的综合职业要求人类的智力结构呈现跨专业、行业和产业的意识,信息爆炸催化的终身学习模式要求人类自己不断学会开发自身潜能,解体终身职业的竞争机制要求人类社会具备适应多种职业嬗变的技能之需求,切实通过职业教育来提高人们的专业能力、方法能力和社会能力等综合职业能力,借以适应社会不断进步的发展要求和人类自身持续完善的变革需求。

2. 教育"9+3"计划的理论架构:内涵依据与建构支撑

研究认为,教育"9+3"计划是贵州省委、省政府在奋力推进"工业化、城镇化、农业现代化"建设进程中所提出来的一项重大战略决策。它作为一种教育现象,其必然会由于其建构活动的不断实践而进一步演化成为一种教育事实。而作为一种教育事实,其建构过程必不能孤立存在,它总是以"置身其中"的方式而存在于社会整体建构活动之中。它不仅需要国家利益代理者对教育"9+3"计划之内涵与本质进行深入探究与缜密思量的基础上,借鉴"阶层流动"之劳动力转移、"统筹发展"之教育均衡、"自上而上"之制度变迁、"执行效果"之政策评价等思维理念成果构建而成的,而且还需要育人为本之教育学、需求至上之心理学、效益最大之经济学及和谐发展之社会学等思潮观念来支撑该计划的顺利建构。这种客观存在的方式明示我们:教育"9+3"计划并不是单维度理论视角思维架构的产物,而是多维度理论视角统筹整合的结果。其整体建构活动需要我们在共时与历时的坐标体系中,全方位、多层次、全景式地揭示该计划之建构规律①,以期更好地指导该计划之建构活动的顺利展开和科学发展,最终圆满达成该教育计划的创意宗旨。

3. 学习动机的研究现状与存在问题:欠丰并存与差异迥然

研究认为,中职学生学习动机的研究现状呈现出明显的研究角度多元化、研究内容丰富化及研究方法欠多样、整体表现欠突出等特征。正因为如此,在今后的研究工作中,一定要努力克服研究方法单一、研究工具匮乏、研究样本代表性弱、研究层次分布范畴窄、缺乏分层分类研究等不足,通过管理部门发挥统筹协调作用,促进各研究者长期开展合作,并不时调整对研究人员的评价激励机制和拿准中职生学习动机不足及表现欠佳的脉,最终提出具体的、具有可操作性的和可迁移性强的改进策略或办法,在实践中完善培养和激发中职学生学习动机的策略与办法等,不断提升学习动机与质量研究的质量。除此之外,研究还认为,教育"9+3"计划下中职学生的学习动机在性别、年级、生源等领域存在着明显的差异,故在今后的研究过程中一定要充分考虑到这些因素。

(二) 理论探究层面:解析内涵、阐释机理、明确标准

1. 中职生学习动机的本质内涵、制约因素与培育环境

研究认为,学习动机就是人们在学习时产生的一种动机。这种动机因为学习而产生,为了学习而维持,并希望达到一定学习目标的心理状态。也就是说,学习动机就是激发和维持个体的学习活动,并使学习行为朝向一定目标的一种内在过程或内部心理状态,是直接推动学生学习的动力。

学习动机主要由动机本身和其他因素构成。学习动机本身由内部学习动机和外部学习动机构成。其中内部学习动机源自人们对事物认知的渴求,是人们求知欲的一种表现,是由内在需求所引起的。外部学习动机是由一系列的外部诱因引起的,反映的是人们希望通过自己的独特才能和取得的成就而获得相应的社会地位及他人认可的一种愿望和心态。除此之外,学习动机还由外部影响因素和内部因素构成,其中学习动机的内部影响因素主要和人自身的内部情况相关,如认知能力、自我效能感和自尊等内容。学习动机的外部影响因素主要通过外部环境的实际情况影响学习动机的形成。在一般情况下,学习动机的外部影响因素主要和人所处的外部环境有

---

① 袁顶国:《职业教育城乡统筹研究多重理论视角探寻》,《职教论坛》,2010 (16):13。

关，如家庭、学校和社会等内容。

既然如此，中职学生学习动机的提升就需要通过一个由"提升认知能力、增强自我效能感、提高自尊"等途径组成的内部纯化情景和一个由"构建积极向上的榜样型家庭、建立规范全面的成熟型学校、创建和谐融洽的关爱型社会"等渠道构成的外部优化环境来培育和提升中职学生的学习动机。

2. 中职学生学习动机与学习质量提升的互动机理

研究认为，不管是动机本身或其他因素，他们均以学习成绩、专业技能、处事和沟通能力、服务意识和职业素养等来作为其学习质量的表征维度，也就是说，学习动机与学习质量之间存在复杂的关联性。其中，学习动机是学习质量提升的保障源，而学习质量则是学习动机强化的助推器，但他们之间具有相对的独立性。这一独立性意味着学习过程既是阶段性的，又是长期性的，因不同的时间划分和看待角度而定。但无论是哪种，均包含着学习动机与学习质量两大要素。从阶段性来看，二者的关系为学习动机→学习质量或学习质量→学习动机→学习质量，呈现出明显的单向性发展特征；从长期性来看，二者关系为学习动机→学习质量→学习动机→学习质量→……→学习质量，呈现出典型的循环往复性特点。这表明，在学习动机和学习质量的互动中，存在着一种天然的运行机理。

3. 中职生学习动机与质量提升的评价维度与指标

考虑到学习动机与学习质量之间的复杂关联性，本研究认为，应以理论知识、专业技能、服务意识、职业心态和社交能力等作为学习质量提升的评价指标，并把理论知识作为其基础表征维度、把专业技能作为其核心表征维度、把服务意识作为其关键表征维度、把职业心态作为其动力表征维度、把社交能力作为其根本表征维度。除此之外，还应从学习动机的内部影响因素和外部制约环境来权衡学习动机的水平，并把认知能力、自我效能感、自尊、家庭、学校、社会等作为学习动机强弱的观测点。

（三）实践验证层面：策略与案例、平台与保障

1. 中职学生学习动机增强的有效策略与发展路向

本研究认为，中职生学习动机是其学习质量提升的内在保障，而学习质量的提高又是教育"9+3"计划深入发展的必然要求。当前中职学生的学习动机和学习能力普通欠佳，虽然导致这种状况的原因众多，但职教政

策的不完善、家族教育中的消极因素等却是其主因，为此，应通过"构建'产教一体'化的课程体系、整合课程内容、构建非专业能力培养体系、细化评价指标"等为载体，沿袭"加大课外活动力度、微调助学金发放政策、提高课堂参与程度、增加中职吸引力、加强家族教育指导、发挥学生主体作用"等路径，采取"激发自主学习动机，示范自我监控策略；倡导信息收集意识，增强信息处理能力；定位教学目标，改变内容呈现方式；营造交流协作氛围，注重交流协作技巧"等策略，努力增强中职学生的学习动机，借以提升中职学生的教育质量。

2. 中职学生学习动机与质量提升的支撑平台和保障机制

本研究认为，中职学生的学习动机与质量的提升必须依赖一个由基础技术平台、共性技术平台和核心技术平台等构成的、包含"驱动力、发展状态与响应"三大要素在内的综合发展模型才能有效发挥作用。为此，为充分发挥出其应有的功效，需要从学习动机的需要、条件、评价与创新等方面创造适当的发展路径，并凭借"促进学习动机与学习质量一致、利用学习质量激发学习动机"等内在促进策略和"统筹规划是根本、健全制度是关键、保障经费是前提、有效评价是导向"等外在保障措施，以激发与维持中职学生的学习动机，并在此基础上提升中职学生的学习质量与学习效益。这主要是因为，中职学生的知识储备与职业技术技能发展到一定阶段，在利益相关者诉求以及内外压力、拉力的共同驱动下，对于与中职学生相关联的社会、企业、学校、家庭和教师等外部状态进行表征和反应，对中职学生参与者的态度和行为做出反应，进而实现中职学生质量螺旋式提升发展和提高。

3. 中职学生学习动机、质量提升策略与保障机制的有效性

本研究在提出学习动机与学习质量提升策略和保障机制的基础上，选取贵州省瓮安县中等职业学校和贵州航空职业技术学院为案例，进行了长达6个多月的实地观察。从收集的案例材料中可以看出，我们创设的激励策略和提升措施不但能有效增强中职学生的学习动机，提升学习质量，而且还是教育教学理论研究的有益补充。

二、研究反思

虽然研究者对"教育'9+3'计划背景下中职生学习动机与质量研究"的工作已竭尽全力，但由于受研究条件等客观因素和个人研究水平等

主观情境的限制，深感自己的研究还存在许多不尽如人意而亟待完善之处，这突出表现在以下几个方面。

（一）案例样本的代表性问题

所谓样本的代表性，就是样本与总体的一致性。而这种一致性在本质上是指样本的频率分布与总体分布的一致程度，它表现为样本与总体在数据结构上的"相似"。我们都希望实验样本有很好的代表性，也就是希望实验样本中的个体能尽可能"均匀"地来自于总体的各个方面[①]，然而我们的"教育'9+3'计划背景下中职生学习动机与质量研究"工作所采取的案例样本又是从总体中运用"简单抽样法"随机抽取的，故该验证样本必然会存在区域、年级、专业等代表性问题。具体表现如下：

1. 样本的区域代表性不足

由于受研究条件等客观因素的制约，研究者仅选取了两个地区的两所职业学校案例样本，用其行为观察结果来验证中职学生学习动机与学习质量之间的复杂关联研究。虽然这两个样本具有明显的示范效应，但延展到全省甚至全国，其代表性问题显然让人心存疑虑。

2. 样本的年级代表性不足

从研究者所选取的案例样本来看，样本主要集中于一年级新生，没有高年级的案例样本。考虑到一年级新生的可塑性及新环境适应周期等因素的影响，所选取的样本显然无法代表全年级，结果导致其年级代表性受到质疑。

3. 样本的专业代表性不强

由于受研究者自身学科背景、专业范畴和知识水平等因素的限制，研究者所选取的案例样本仅局限于幼儿师范、数据机床等专业，对涉农类、财经类、餐饮类、服装类等专业领域的案例样本关注不够，结果导致其专业代表性明显不强。

（二）研究过程的科学性问题

所谓研究过程，按照现象学和解释学的观点，是指研究者在对文本的

---

① 吴明华，赵琼斌：《从样本的代表性与随机性去理解抽样》，《中国数学教育》，2010（6）：27-34。

整体与部分理解之间的一个循环往复的过程。① 在这一过程中，研究者事前要做好研究设计，要对整个研究过程有总体上的把握，并勇于在研究过程中不断反思与完善自己的研究，进而切实保证研究过程的规范性和科学性。我们的"教育'9+3'计划背景下中职生学习动机与质量研究"工作作为一种以实践性和职业性等为外在表征的研究过程，虽然我们做了大量规划、设计和控制类工作，但由于受多种客观因素的制约与影响，也存在着诸多遗憾，主要表现在以下两个方面。

1. 研究过程的周期性不长

本研究虽然历时两年，但大多数时间花在学习动机与学习质量的复杂关联的探究环节上，真正用于进行学习动机与学习质量研究实践环节的时间并不多，因而导致整个研究实验只能在有限的专业与课程范围内和极短的教学与实践周期内进行，虽然也得出了不少鲜有价值的研究数据，但相对于教学过程的长周期性特点而言，这些数据的信度显然还有待进一步提高。

2. 研究过程的监控性不够

在整个研究过程中，虽然研究者竭尽全力力求结果的科学性，但由于案例选取单位的地理位置特殊，故研究者不可能事事都多维、整体、适时、实地地监控整个研究进程，这一点在研究实验过程中体现得很明显。结果导致整个研究过程的效度存在进一步商榷的空间与余地。

三、研究展望

经过近两年时间的努力，本研究项目不仅从背景分析层面理清了学习动机与质量研究的选题缘由，明确了教育"9+3"计划的理论架构，归结了学习动机的研究现状与存在问题，而且还从理论探究层面探析了中职生学习动机的本质内涵，明晰了中职学生学习动机与学习质量提升的互动机理，归纳分析了中职生学习动机与质量提升的评价维度与指标，甚至还从实践验证层面提出了中职学生学习动机增强的有效策略与发展路向，解析了中职学生学习动机与质量提升的支撑平台和保障机制，例证了中职学生学习动机与质量提升策略与保障机制的有效性。诸如此类的研究成果均表

---

① 崔光辉：《现象的沉思：现象学心理学》，山东教育出版社2009年版，第161页。

明"教育'9+3'计划背景下中职生学习动机与质量研究"工作具有广袤的研究前景。而正是由于这一研究前景的存在,我们可以对其未来的研究情况进行科学预测。

(一)发展趋向预测

发展趋向,亦称"前景",是指事物在未来较长一段时期内的基本动向与关注重点。考虑到事物的发展趋向具有未确定性和前瞻性等特点,我们可以根据现有的实现条件对其进行合理的预测。虽然"教育'9+3'计划背景下中职生学习动机与质量研究"已经过专门的案例验证,证实了其生成与发展的可行性和有用性,但该研究结果在中职学生学习动机与质量提升活动中的实践效果却需要时间来检验。故此,我们完全可从实证与理论相结合的角度对该课程与教学模式的未来发展动向进行科学预测。

1. 实证研究的深化

一般来说,人们对新鲜事物的认识都要经过一个了解、接受到应用的过程。随着"教育'9+3'计划背景下中职生学习动机与质量研究"成果的不断宣传与推广,它必然会被广大职业教育同仁们所了解。但了解归了解,使这一研究成果逐渐被大家自觉接受甚至主动应用,则是一个漫长而缓慢的过程。为此,我们可以预测,随着人们对"教育'9+3'计划背景下中职生学习动机与质量研究"成果的逐步了解,其今后的研究工作将会呈现出实证化的研究走向。

2. 理论内涵的丰富

承上所言,"教育'9+3'计划背景下中职生学习动机与质量研究"将呈现出实证化的研究趋势,这固然是事物发展客观规律使然。但随着"教育'9+3'计划背景下中职生学习动机与质量研究"活动的不断丰富与优化,人们必然会从各种研究活动中获得许多新的认识与感悟。而所有的这些认识与感悟,从本源上而言,都是对"教育'9+3'计划背景下中职生学习动机与质量研究"原有理论架构的完善与充实。因此,我们可以毫不犹豫地说,随着"教育'9+3'计划背景下中职生学习动机与质量研究"活动的不断丰富与优化,该研究的理论基础部分将会不断得到夯实与深化。

(二)改进举措概述

虽然"教育'9+3'计划背景下中职生学习动机与质量研究"工作在

背景分析、理论建模、实证探索等层面取得了较好的研究成果,但该研究工作也在案例样本、研究过程等方面存在诸多不足,因此,很有必要在今后的研究工作中对上述不足加以改进和完善。

1. 加大推广力度,增强实验样本的代表性

鉴于用以验证"教育'9+3'计划背景下中职生学习动机与质量研究"结果之可行性和有效性的案例样本在地域、年级和专业等方面存在代表性不强现象,本研究今后应加大该研究工作的推广力度,力争在学习动机与质量提升方略不断推广应用中提升案例样本的区域代表性,在高年级案例样本的不断采集中拓展案例样本的年级代表性,在涉农类、财经类、餐饮类、服装类等专业领域的实验样本的不断供给中增强案例样本的专业代表性,最终整体提升案例样本的代表性,增强研究效果的信度与效度。

2. 加强监控力度,夯实研究过程的有效性

考虑到本研究项目由于实践验证周期较短、专业选取范围较窄、研究过程监控性不够等弊端所导致的研究结果之信度与效度等问题,研究者将在今后的研究工作中致力于学习动机与质量提升方略的实践研究工作,切实深入职业院校教学一线,努力兼顾多方的利益和感受,以专辑视频和特写情境等为抓手,不断从该研究成果的教学实验周期、教学实验范畴、教学实验领域、教学实验过程、教学实验结果等方面加大研究力度,力争使整个实验工作在周期性、代表性、监控性、科学性等方面得到显著提高,进而充分保证整个研究工作的信度和效度。

后　记

经过两年多的艰辛努力，《教育"9+3"计划背景下中职生学习动机与质量研究》一书终于完稿，即将交付出版社出版。任务总算完成，这里似可以稍缓口气。老实讲，作为课题主持人，或许最有"权威"，无论是呈现于书面文字上的东西，还是文字背后情感上的艰辛，都倾注了笔者不少的心血。不管这种心血的付出能否获得阅读者的认同或赞许，但笔者现在颈椎部还隐隐作痛却是实实在在的证明。本书对中职学生学习动机与质量研究的选题缘由、理论架构、发展现状、本质内涵、关联机理、评价指标、提升路径、培育对策、支撑平台、保障机制等内容进行了深入的探讨。笔者虽精疲力竭但仍远未穷其要旨，这不仅限于笔者的水平与视野，同时也与我们所要探讨研究的教育"9+3"计划背景下中职生学习动机与质量这一富于实践性、操作性的有着丰富内涵的命题有很大的关联。但令笔者欣慰的是，终对教育"9+3"计划背景下中职生学习动机与质量的内涵与对策等进行了一定程度的探讨，现将该探讨成果谨奉于世，权作引玉，引起大家对于这一问题的充分重视。如能达到这一效果，笔者则倍感欣慰。故虽有惶惑，但仍不揣谫陋，将拙作呈现出来，奉于方家，期待批评与指正。

另外，本书之所以能够成书出版，得益于诸多领导、同事的支持与提携，尤其是铜仁学院的相关领导在繁忙的行政工作之余，不仅不辞劳苦地多次为本书作宏观指导，而且还从紧张的工作经费中支出专款资助该书的出版。应该讲，在经济大潮的强烈冲击下，本人能够沉潜下来，正赖于此。在此，对各位领导、同事谨表示最为诚挚的感谢。此外，在本书的撰写过程中，刘方林、艾文娟、游明伦、万山、洪顊、叶通贤、王立平、付海兰、刑太北、都元贵、李瑛、征玉伟、张文龙、唐仕兴、麻海艳等同志先后为本书进行过研究架构的策划与修正、原始资料的搜集与整理、章节的梳理与统合、文字的校对与规范等工作。其中，张文龙同志撰写了第三部分，李瑛同志撰写了第二部分、第八部分，艾文娟撰写了第十部分，付海兰、王立平撰写了第六部分，王立平、艾文娟撰写了第七部分，刘方林撰写了

后 记

第九部分，唐仕兴、都元贵撰写了第十一部分，都元贵、刑太北撰写了第十二部分，还有其他同志也参与了本书部分章节的撰写及修改工作，鉴于篇幅，不能一一累述，只能在此致以深深的谢意及表达感恩之情。同时，本书在写作过程中，还引用及参考了许多前贤进修的研究成果或前沿思想，在此也对他们致以深深的敬意。同时需要说明的是，尽管笔者力图实现突破，突破陈陈相因的单线陈述，力图呈现思考的厚度和广度，但由于本书的撰写工作时间紧、任务重，加上行政工作的烦琐，以及限于笔者本人的笔力与学识等，现在的成果必有众多不足与不尽意之处。无奈之余，只能先将本书出版，以便一并接受广大读者的检阅与批评。

——**时乙未深冬于德国北莱茵州**

参考文献

[1] 梁成艾. 职业教育"项目主题式"课程与教学模式研究 [D]. 重庆：西南大学，2012.

[2] 李凤香. 关于中职学生学习动机及其成因的调查 [J]. 职教论坛，2011 (17).

[3] 梁日增. 以职业生涯规划引领中职学生的学习激情 [J]. 科教导刊，2014 (13).

[4] 李啟尚. 项目主题式教学在职业教育中的应用 [J]. 考试周刊，2012 (77).

[5] 张津海. 英语学习动机、自我监控与学习效果的相关研 [J]. 民族教育研究，2005 (1).

[6] 丁晓晖. 基于中职生英语学习负动机问题的调查研究 [J]. 职业，2010 (12).

[7] 高平，吴波，刘琛. 社会、生活教育："9+3"藏区免费中等职业教育的出发点 [J]. 中国科教创新导刊，2011 (4).

[8] 文艳林. 规模化的民族跨区职业教育现状研究——以四川省"9+3"免费职业教育为例 [J]. 职业技术教育，2012 (28).

[9] 刘萍，姚永萍，秦洪江. 导学合作法："9+3"混班混编管理模式下的教学方法新尝试——以护理专业为例 [J]. 卫生职业教育，2012 (18).

[10] 郑志玉，雷友明. "9+3"职业教育模式下民族学生的管理研究——以攀枝花市建筑工程学校为个案 [J]. 西昌学院学报：自然科学版，2011 (4).

[11] 枉菊，刘志超，张翼辉. 对"9+3"藏区学生学法指导初探 [J]. 中国电力教育，2010 (18).

[12] 罗晓平，黄定兴. 中职学校藏区"9+3"学生心理健康促进策略研究 [J]. 2011 (5).

[13] 周后英. 藏区"9+3"学生顶岗实习情况的问卷调查与分析——以攀

枝花市经贸旅游学校为例 [J]. 当代职业教育, 2012 (9).

[14] 王建峰, 宋玉琴. 学生学习内部动机的培养与激发 [J]. 教学与管理: 理论版, 2005 (10).

[15] 杨芳. 学习动机的激发与课堂教学的优化 [J]. 中国教育学刊, 2002 (2).

[16] 张乐春. 职业学校学生的学习动机与学业成绩的关系研究 [D]. 长春: 吉林农业大学, 2005.

[17] 张杰. 中学生学习动机状况及影响因素研究述评 [J]. 教育教学论坛, 2012 (34).

[18] 欧惠平. 中职学生学习动机激发的研究 [D]. 长沙: 湖南师范大学, 2008.

[19] 陆王红. 职校学生学习质量评价中存在的问题及对策研究 [J]. 黑龙江科技信息, 2013 (4).

[20] 张云柏. 高校学生学习质量评价中存在的问题及对策研究 [J]. 哈尔滨学院学报, 2008 (9).

[21] 陆王红. 职校学生学习质量评价中存在的问题及对策研究 [J]. 黑龙江科技信息, 2013 (4).

[22] 周斌, 赵思路. 论个性发展与推进素质教育 [J]. 西安建筑科技大学学报: 社会科学版, 2006 (1).

[23] 张淑芬. 学习动机与大学英语口语教学 [J]. 湖北大学成人教育学院学报, 2010 (4).

[24] 王维军, 王晓艳. 江苏高职商务英语专业学生学习动机实证研究 [J]. 考试周刊, 2013 (74).

[25] 梁成艾. 教育"9+3"计划建构之多维理论视角审视 [J]. 职业教育, 2014 (4).

[26] 耿娟. 浅析中职学生学习动机的激发与培养 [J]. 职业, 2013 (21).

[27] 邓格红. 外语学习动机及其激发途径 [J]. 考试周刊, 2010 (12).

[28] 张文杰. 引导学生正确归因, 激发中职校学生的学习动机 [J]. 中国校外教育: 基教版, 2009 (12).

[29] 苏晓红, 辛越优. 黔东南教育"9+3"计划实施保障机制的构建 [J]. 教育与教学研究, 2014 (12).

[30] 刘志军, 白学军, 李炳煌. 中学生学习动机问卷的初步编制 [J]. 基础

教育，2010 (6)：56-61.

[31] 付海兰,王立平. 教育"9+3"计划背景下中职学生学习动机探析 [J]. 职教论坛，2014 (15).

[32] 李宇红,王剑. 职业素养培育导向下财贸高职课程结构改革探索与实践 [J]. 北京财贸职业学院学报，2011 (3).

[33] 梁红蕾. 基于人本精神的学生评价体系——英国基础教育学生评价体系检视 [J]. 济南职业学院学报，2013 (3).

[34] 王翠兰，杨国良. 中日中学生教育之比较 [J]. 日本问题研究，2001 (2).

[35] 韦焕能. 针对中职学生的新特点因材施教 [J]. 科教文汇，2010 (36).

[36] 王弟成. 对一道考题答题情况的调研与教学反思 [J]. 中国数学教育，2010 (3).

[37] 王佳慧. 高校法学专业期末考试改革：方案及效果——以黑龙江大学经济法期末考试为例 [J]. 黑龙江教育，2015 (3).

[38] 袁美杰,李魁功. 良好学习习惯之我见 [J]. 新课程，2013 (1).

[39] 高艳艳. 浅谈学习习惯养成的重要性 [J]. 企业家天地：下旬刊，2010 (4).

[40] 贾洋洋. "教师是人类灵魂的工程师"吗？[J]. 现代妇女：理论版，2013 (11).

[41] 闫涛. 刍议农村小学数学中合作学习的应用 [J]. 东方文化周刊，2014 (19).

[42] 王丽娜,荣绍斌. 中职学校美术体育教学现状与思考 [J]. 中文信息，2014 (3).

[43] 段青. 技术课程教师的专业发展与专业知识拓展 [J]. 教育研究与评论：技术教育版，2010 (1).

[44] 柯羽. 非专业素质对大学生就业质量的影响——基于浙江省本科毕业生调查数据的实证分析 [J]. 中国青年研究，2010 (7).

[45] 马琼. 地方本科院校生物工程专业生产实习教学改革与实践 [J]. 中国轻工教育，2010 (2).

[46] 汪沉沉. 虚拟学习社区中交互机制研究——以 Moodle 平台为例 [J]. 软件导刊，2013 (6).

[47] 王晶娟. 谈课堂教学气氛的营造 [J]. 辽宁行政学院学报，2010

(11).

[48] 张晶晶. 学习状态研究综述[J]. 湖北广播电视大学学报, 2010 (11)。

[49] 王志成. 职业中学学生数学学习习惯的调查与分析[D]. 苏州: 苏州大学, 2008.

[50] 陈斌. 高校德育教育多样化探析[J]. 神州: 上旬刊, 2013 (21).

[51] 包文婷, 李三福, 丁丽. 农村小学生学习动机、学习态度及其学习质量的实证研究[J]. 当代教育论坛, 2011 (32).

[52] 冯斌. 初中生英语学习动机的实证研究及教学策略[D]. 南京: 南京师范大学, 2008.

[53] 李林霞, 尚杰. 网络远程教育中学习者学习动机的培养[J]. 吉林工程技术师范学院学报: 社会科学版, 2007 (4).

[54] 代霜琳. 我国的货币量与国民经济增长的实证分析[J]. 武汉市经济管理干部学院学报, 2001 (Z1).

[55] 黄均勤. 高中生生物学习动机调查及培养研究[D]. 成都: 四川师范大学, 2006.

[56] 孟庆梅. 试论远程教育自主学习模式的构建[J]. 洛阳师范学院学报, 2008 (4).

[57] 陈玉栋. 试论高校学风建设的概念、主体及特性[J]. 高教探索, 2014 (4).

[58] 张清海. 高校贫困生学习动机的研究[D]. 南京: 河海大学, 2007.

[59] 游世荣. 利用WebQuest提高中专学生自主学习动机的研究[D]. 北京: 首都师范大学, 2007.

[60] 王伟, 温剑波. 单向性——语法化的一种强烈倾向[J]. 北京第二外国语学院学报, 2008 (4).

[61] 成新娟. 浅谈学习动机对学习效果的影响[J]. 中小学心理健康教育, 2005 (12).

[62] 范佩荣. 论中学生学习动机的激发和培养[J]. 读写算: 教育教学研究, 2014 (19).

[63] 王立平, 梁成艾. 中职学生学习动机与学习质量之互动机理研究[J]. 职教论坛, 2015 (18).

[64] 李烨. 试从来源功能和影响功能看外语学习动机变量[J]. 漯河职业技术学院学报, 2007 (2).

[65] 石玉景. 网络环境下自主学习能力及培养研究 [J]. 湖南广播电视大学学报, 2012 (3).

[66] 马雪琴. 谈基于学生发展的学习评价 [J]. 教育实践与研究, 2009 (19).

[67] 何伍吉. 高职学生专业技能的培养研究——以Y职业技术学院为例 [D]. 长沙: 湖南师范大学, 2009.

[68] 张璟. 观摩课观什么 [J]. 湖南教育: 中旬刊, 2013 (6).

[69] 吴永甫. 沪上状元府史迹考 [J]. 上海农村经济, 2002 (7).

[70] 李林霞, 尚杰. 网络远程教育中学习者学习动机的培养 [J]. 吉林工程技术师范学院学报, 2007 (4).

[71] 吴丰涛. 中职学校德育导师制之我见 [J]. 未来英才, 2014 (8).

[72] 王娇. 大学生自我效能感研究综述 [J]. 青春岁月, 2012 (21).

[73] 肖莹莹. 中学英语教师的习得性无助研究 [D]. 武汉: 华中师范大学, 2014.

[74] 高亚丽. 高职学生自我效能感的影响因素分析 [J]. 教育观察: 上旬, 2013 (9).

[75] 张瑛秋. 青春发育突增期 (高峰年龄) 不同发育类型学生体质特征及健康促进 [D]. 北京: 北京体育大学, 2002.

[76] 王辉, 李晓璐, 刘海军, 程志杰. 高校班集体建设现状及对策——以东北大学为例 [J]. 辽宁农业职业技术学院学报, 2014 (5).

[77] 石展华. 高职高专顶岗实习工作探讨 [J]. 信息系统工程, 2010 (7).

[78] 陈凤忠. 中职校新生数学衔接教学的新实践 [D]. 福州: 福建师范大学, 2003.

[79] 曹兴, 李瑞, 程小平, 彭耿. 企业知识结构及其优化机制 [J]. 科学管理研究, 2006 (6).

[80] 郭平. 大学生专业素质与拓展 [J]. 求实, 2006 (2).

[81] 陈一平, 金晓鸿. 对职业资格证书异地鉴定现象的思考——以温州市为例 [J]. 浙江工贸职业技术学院学报, 2009 (3).

[82] 王美凡. 中职生职业生涯规划教育现状及实施途径研究 [D]. 南宁: 广西师范大学, 2008.

[83] 张亚珍, 李健. 运用信息技术培养大学生自主学习能力 [J]. 电脑知识与技术, 2009 (33).

[84] 杨冬梅. 基于网络环境的大学英语自主学习监控理论与实践研究 [J]. 牡丹江教育学院学报, 2014 (1).

[85] 孙云志. 高职学生"软实力"培育的脉络与走向 [J]. 职教论坛, 2014 (16).

[86] 雷珍. 加强高中数学逆向思维训练, 培养学生换位思维能力 [J]. 中国科教创新导刊, 2013 (36).

[87] 张淑敏. 在特色活动中开展中职学生职业素养教育的探索 [J]. 才智, 2014 (19).

[88] 何力西, 张庆, 王才康. 竞争合作与学业成绩的关系: 学业自我概念的中介作用 [J]. 心理学探新, 2011 (2).

[89] 梁英豪, 兰兴妞. 青少年自尊与学业成绩的关系及其对学校教育的启示 [J]. 黄石理工学院学报: 人文社会科学版, 2008 (1).

[90] 何以建. 中职生与普高生自我概念的差异分析与思考 [J]. 职业技术教育, 2003 (1).

[91] 财政部, 教育部. 中等职业学校国家助学金管理暂行办法 [Z]. 中国职业技术教育, 2007 (22).

[92] 张晶. 中职学生学习动机形成原因 [J]. 电子制作, 2013 (8).

[93] 诸培英. 课堂教学的节奏与氛围的营造 [J]. 高教论坛, 2004 (5).

[94] 范艳萍, 林枫, 乔勇. 提高河南省职业教育吸引力的策略 [J]. 河南科技, 2010 (11).

[95] 汤生玲. 职业教育如何增强对农村学生与家长的吸引力 [J]. 职业技术教育, 2009 (34).

[96] 赵伟. 我国普通高中择校问题研究——基于社会阶层分析的视角 [D]. 武汉: 华中师范大学, 2009.

[97] 梁雅, 张静宜. 探索家庭教育指导的实效策略与长效机制 [J]. 教育导刊, 2007 (5).

[98] 段莹. 加强顶岗实习管理提升学生就业能力 [J]. 时代教育, 2013 (11).

[99] 王甜甜. 试论激发学生英语学习动机的方法 [J]. 齐齐哈尔师范高等专科学校学报, 2010 (2).

[100] 丁林枝. 拨开迷雾见青天——浅谈中职数学教学 [J]. 文理导航: 下旬, 2013 (z2).

[101] 刘新, 王晖. 建筑工程技术专业基于工作过程系统化的课程体系建

设［J］．安徽建筑，2012（6）．
[102] 陈衍．关注中等职业教育［J］．职业技术教育，2011（21）．
[103] 吕全国．制约高职技能型人才培养的几个突出问题［J］．湖北工业职业技术学院学报，2014（5）．
[104] 何建明．龙门圆梦——中国高考报告［J］．中国作家，2000（5）．
[105] 蒋昭庆，袁俐．重视非智力因素在内科护理学教学中的作用［J］．卫生职业教育，2005（7）．
[106] 欧阳林舟．课堂教学话语研究［D］．长沙：湖南师范大学，2005．
[107] 水常青，肖云富．国内外评价可持续发展能力的指标体系研究述评［J］．浙江统计，2004（12）．
[108] 魏雪莹．广西可持续发展指标体系建立与评价初探［J］．计划与市场探索，2001（5）．
[109] 肖凤玲．中等职业学校情感道德教育探究［D］．长沙：湖南农业大学，2012．
[110] 白天亮．五大因素保障就业"稳中有进"［J］．劳动保障世界，2014（25）．
[111] 温水生．面向服务的中间件平台的研究与设计［D］．南昌：江西师范大学，2012．
[112] 陈健巍．高职学生能力与用人单位就业定位标准的分析研究［J］．管理学家，2011（3）．
[113] 杜琴．新思维在数学教学中的运用［J］．华人时刊：下旬刊，2013（3）．
[114] 高纪元，邱泠坪．构建现代职业教育体系问题的研究［J］．科教文汇，2015（5）．
[115] 佟勇臣，刘雯妍．“数据库技术”课程改革研究［J］．天津职业院校联合学报，2013（5）．
[116] 潘云翠．网络教学模式下自主学习能力结构研究［J］．凯里学院学报，2015（1）．
[117] 梁红硕．基于网络环境的自主学习监控策略研究［J］．电子世界，2014（4）．
[118] 吴真．高职生操作技能学习自我监控能力的结构研究［J］．厦门城市职业学院学报，2012（1）．
[119] 屈克英．高职学生自我监控学习能力的结构研究［J］．当代教育论

坛，2008（36）．

[120] 邱雪．知行合一的技能培养［J］．文理导航·教育研究与实践，2013（6）．

[121] 艾文娟．中职生自主学习能力培养问题与对策研究［D］．重庆：西南大学学位论文，2013（06）．

[122] 成鹏．五年制高职学生学业倦怠成因量表的编制［J］．新课程学习·中旬，2013（9）．

[123] 张小锋．高职院校学生课余时间的管理——以东莞职业技术学院为例［J］．鄂州大学学报，2015（2）．

[124] 杨红娟，赵红强，郭栋，常斐．中职生自主学习能力培养的实践与探究［J］．课程教育研究：新教师教学，2015（8）．

[125] 张宗泉．多媒体网络下职业学校英语教学的实施策略［J］．才智，2013（34）．

[126] 倪潇潇．就业背景下的中职语文教学研究［J］．小作家选刊：教学交流，2013（5）．

[127] 杨丹．高职院校学生学习动机激发的思考［J］．职教通讯，2012（20）．

[128] 张芳平．浅谈培养高中生学习动机的策略［J］．科技创新与品牌，2014（5）．

[129] 王家成．激发高职院校学生学习高等数学的积极性初探［J］．科技创新导报，2010（3）．

[130] "民生问题与和谐社会建设"课题组．西部民族地区教育公平的现状、问题与对策——以贵州省为例［J］．当代教育与文化，2010（1）．

[131] 吕自力，唐仕兴．中职教育要关注的三个问题［J］．机械职业教育，2012（11）．

[132] 范会杰．对中学化学困难学生进行动机教育的研究［D］．大连：辽宁师范大学，2006．

[133] 张清涛．企业女性成就动机的维度研究［J］．东南亚纵横，2009（4）．

[134] 方贵斌．浅谈小学生数学学习兴趣的培养［J］．家教世界，2013（6）．

[135] 赵晓丹．浅谈英语语音教学中的模仿问题［J］．吉林画报：教育百

家B,2013(10).
[136] 李敦送,邓阳春,杨燕.毛泽东邓小平江泽民素质教育思想形成及其现实意义[J].理论月刊,2002(11).
[137] 李先会.大学生学习动机和策略与知识获得的关系[J].教育界,2013(27).
[138] 周荣.浅谈高职高专大学生心理健康教育校本教材开发[J].湖北工业职业技术学院学报,2015(2).
[139] 田爱欣.浅析我国中等职业教育的素质教育[J]硅谷,2009(14).
[140] 吕自力,唐仕兴.中职教育要关注的三个问题[J].机械职业教育,2012(11).
[141] 张玲.教给学生识字学法让学生学会学习[J].成功:教育版,2013(8).
[142] 陈精珠.试论成人学习动机的激发策略[J].福建商业高等专科学校学报,2007(5).
[143] 刘波,刘泽环.教师身份不宜公务员化[J].现代教育管理,2012(4).
[144] 罗筠.推进高职院校教学改革培养高技能人才[J].交通企业管理,2010(3).
[145] 苏理宏.勇于创新,追求卓越——景东县职业高级中学"申重"工作回顾[J].学园:教育科研,2011(19).
[146] 晏红.浅析中专学校学生的感恩教育[J].全国商情·理论研究,2010(13).
[147] 张利.高职院校学生特点和教育方法探讨[J].河南农业,2010(16)